扭曲的正義

DISTORTION OF JUSTICE

HSIN-YIN WU
吳忻穎——著

檢察官面對的殘酷真相

走向崩潰的檢警與媒體

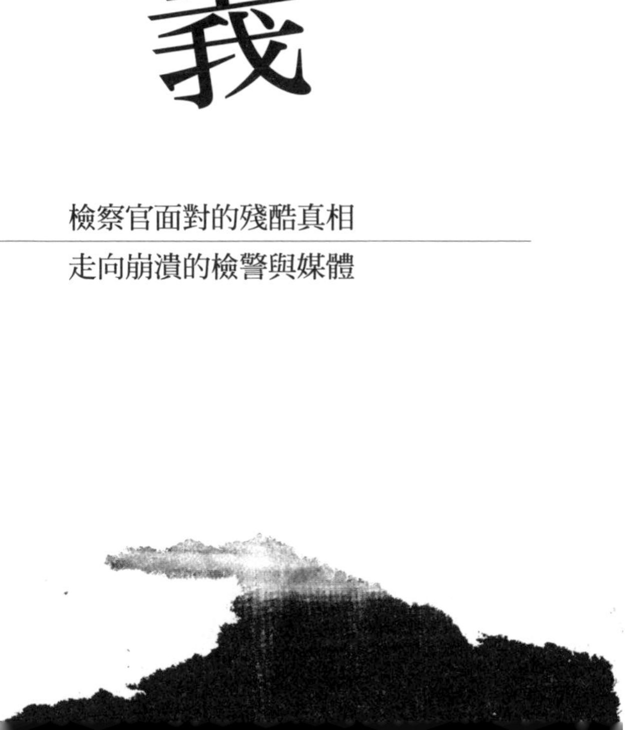

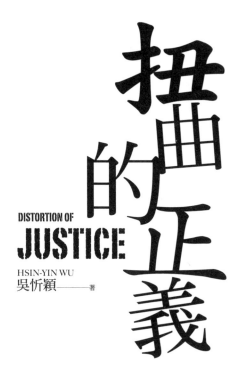

目次

第一部　搖搖欲墜的檢察體系

第四章　來去地檢署亂鬧

第二部　崩潰中的警察體系

推薦序1

墮落者的翻轉

臺大法律學院教授　李茂生

本書的作者吳忻穎女士，曾擔任過三年九個月的檢察官，初期在澎湖地檢署服務，因該處另有一位資深吳檢察官，所以大家稱其為小吳檢。其後，她轉調新北地檢署，不久離職，並中輟臺大法律學院研究所博士班的學業，飛到德國繼續圓其進修之夢。在此期間，作者無法放棄長達三年九個月的紫袍夢，寫下了無數的文稿，敘述了對於正義、司法專業以及法律人的期許，如今終於能夠將這些企望、期待集結成冊予以出版，此誠可喜可賀。

有趣的是作者表達其對於正義與司法的期許的方式。一般而言，或許是基於與人為善的「美德」，在表達這些期許時，通常都會採取正向表列的方式，先一一說明理想的內容與條件，然後規畫出幾條達成目標的途徑，再說明其中會出現的障礙，最後舉幾個會令人熱血沸騰的案例，鼓舞人心，並以此做結。這樣才不會惹人非議，且又能表現出倡議者高尚的節操。然而，本書的鋪陳卻與此截然不同。作者憑著自己本身的經驗以及新聞報導，編織了一個異樣的世界。

書中從檢察體系中首長的作為以及其他檢察官的附從行為開始，道盡官場上為求升官的各種醜態與阿諛，其後開始敘述警方為求績效的諸種陋習，最後描繪新聞媒體追求腥羶的現實。作者聲稱：正因為這三種人糾纏在一起，使得司法的正義無法伸張，整體邁向墮落一途。

我不會否認本書陳述的事情，因為我曾見識過檢察官們升官時刻的黑函攻擊，更於研究計畫中發覺警察績效制度與專案間的貪腐機制，遑論一味追求腥羶的媒體醜態。這也是為什麼在閱讀本書的初稿時，我對所見的內容並不驚訝，甚至還有點麻痺。不過，想來一般比較不會接觸到這些內幕的常人，看完本書後應該會瞠目結舌，或甚至更加不信任司法吧。姑且先不論我這種非實務界的專業人士或司法素人的反應，我相信這本書一定會令從事書中所述職務的擔當者非常不愉悅或甚至不舒服，進而批評本書以偏概全。會造成反感的原因，並非本書說中他們不願公諸於世的醜態，而是這本書如此敘述這些現狀，會被認為是在抹殺其在職位上所做的所有努力。他們知道，本書所述的內容是事實，但並不認為這些內容這是在說他們，反而認定自己是被颱風尾掃到而已。換句話說，他們會認定「那是『他們』，不是『我』」，且認為本書雖然說出了部分的事實，卻藉由這樣的訴說污衊了神聖的職位。如此一來，不論是什麼人，都不會真正直視本書提到的現象，更不用論去思考如何改革。

本書的文體錯了嗎？其實也不盡然。關於這種敘述方式，最簡單的回應就是一句話：此乃作者性格使然。但是，這並不能確切地掌握到此類文體的意涵。一九八〇年代我在日本留學的時候，接觸到日本無賴派旗手坂口安吾的作品，不論是《墮落論》正續二篇或短篇小說集《盛開的櫻花林下》，都在在刺激了我的想像，甚至因此在一九九一年自己博士論文的最後，留下當時備受審查委員質疑的一句話：「親愛的日本人啊，墮落吧，只有這樣才能獲得自由。」當年我透過整理官方期刊的內容，將二次世界大戰後日本不斷虛偽地高揭「和的精神」旗幟下掩藏的行刑實態，一一揭露出來，說明日本戰後的行刑現實，不外就僅是抹滅個性、要求順從的文化與社會結構霸權的實踐而已。當年我寫這本博士論文的目的，僅是想讓日本人直接面對現實，而不是不斷地利用高尚的目標來掩飾一切。坂口安吾所謂的「墮落」，不外乎就是放棄虛偽的掩飾，直接面對現實。然而，這卻是一個極大的挑戰。現在回想起來，我當年確實是在論文裡用了過於露骨的描寫，結果惹起非議、反感，根本引不起反省。更何況，整本論文並沒有做出任何反省過後應有方向的指示，所以通篇僅能算是失敗之作。

回國任教後，再度檢視自己的博士論文行文，發現我完全忽視了《盛開的櫻花樹林下》一書中提及的數種反應模式，[1]也沒有進一步分析這些反應模式會產生的「成就」。這種反省，造就了我任教三十年的基本論述與實踐模式。坂口安吾在《盛開的櫻花林下》的數篇短篇故事中，描繪了團九郎、禪僧、山賊、長耳男、紫大納言等人的行徑。雖然大部分篇幅都聚焦在現實的描繪，對於認清現實後所應採取的對應方式，不過寥寥數語而已，但其中的暗示已經足夠令人省思。或許《盛開的櫻花林下》一書中，山賊等人的結局令人迷惑，而在〈閑山〉一則，讀者最後透過旅人在牆孔窺視到的，那些不斷恣意放屁、暢意生存的小沙彌，則最令人激賞——然而這些都僅是妄想。現實中，像〈禪僧〉一篇中被農婦阿綱迷惑的禪僧，才是活生生的人生寫照：所有人都必須理解自己、意識到自己，然後繼續活存下去。

當人們能夠拋開所有的迷彩、掩飾，透過對於現實的認識，確認自己的存在實態後，這個自我意識可以產生諸種反應。坂口安吾筆下，受不了刺激在眾目睽睽之下跑到看臺上緊抱住阿綱，真正認識到自己做出野獸行徑的禪僧的反應，是怎樣的呢？

那晚，禪僧當然沒有自殺，其後也沒有如此作為的跡象。次日，他若無其事、泰然自若地就像往常一樣過活。他的這種行徑就是野獸一事，不光其他的人知道，禪僧自己就如同前些日子他去找醫師時所講的，也不可能不知道自身行徑就是野獸這件事。然而，能夠意識到自己，且能夠做到一邊意識、一邊生存下去一事，恐怕也已經不是野獸了——但這本來就不是什麼了不起的道理吧。[2]

我不知道小吳檢將來的打算，或想開拓什麼樣的人生，不過就像小說〈禪僧〉一樣，重點不僅是禪僧的選擇，整件事更包含了聽到禪僧為了娶阿綱而要向他借聘金的醫生，以及牽扯到此事件的其他人的反應。眾人看著禪僧的對應，然後活下去並開始自省。這正是墮落者的翻轉。

1 編注：《盛開的櫻花林》一書中，山賊認知現實後先是拒絕再繼續配合，後掐死了蠱惑他的女人；狸貓精團九郎選擇以不動壓抑自身的穢氣；長耳男在確認殘酷的千金不容於世後，手刃了她；大納言則在覺察自身虛偽且毫無道德後，拚命想從盜賊手中取回天女的笛子物歸原主。

2 編注：此篇故事中，禪僧想娶阿綱卻付不出聘金，曾去找村裡的醫生借錢周轉，並對醫生說自己和阿綱的關係「就是野獸愛上了野獸」（參考譯本《盛開的櫻花林下》，新雨出版）。本序中的段落由李茂生老師翻譯。

推薦序2

扭曲的正義——浮沉於體制與人性

臺大法律學院副院長 王皇玉

我花了幾天時間，非常仔細且用心的將整本書閱讀完畢。曾經擔任檢察官的作者，以極為生動的筆觸，記錄了自己檢察官的生活，也道盡了檢察官的真實人生，包含工作日常、辦案的甘苦談。在閱讀之初，我其實內心極度不希望作者在德國攻讀博士學位的時候，出版這樣的一本書。原因不是擔心她不務正業或無法兼顧德國的學業（作者是一名極為聰明又用功的學生，思緒敏捷、文筆流暢，將自己想法記錄下來，或是反思批判，就像吃蛋糕一樣容易），我所擔心的是作者書寫的題材與可能遭遇的反撲；我也擔心作者以「當局者迷」的基層檢察官視角帶來的局限；我更擔心作者可能在不自覺流露出法律菁英對「執行法律」的執著同時，帶著傲慢。

這本書由三個主題構成，也是以三個她曾經以所有的生命參與、投入或被迫與之互動的體系為核心：檢察體系、警察體系與媒體。從本書的三個大標題〈搖搖欲墜的檢察體系〉、〈崩潰中的警察體系〉、〈媒體幻象〉就可以看出來，這一本書其實將所有與犯罪偵查有關的體系都「罵」了一遍。不過，不好惹的體系，不代表不能批判。

在第一部〈搖搖欲墜的檢察體系〉中，作者生動又詼諧地描述了檢察官偵查犯罪工作的日常，包括通宵達旦的加班以及地檢署如何被假性財產案件、濫訴濫告的當事人癱瘓。當然還有所有基層檢察官最在意的升官競爭，牽扯到只有圈內人始能體會的升官制度、黑函文化，以及作者對「檢察高層」行徑的各種批判。

第二部〈崩潰中的警察體系〉中，作者生動地描述了各種「檢警互動」與「檢警緊張關係」。文中不斷看見作者一方面對於警界以「專案績效」為政客打拼速食政績或滿足民粹的不滿與批判；另一方面又對警察體系以諄諄教誨、恨鐵不成鋼的口吻，期許能夠進行各種改革或向上提升法律素養。老實講，我看到這一部的內容，尤其是「騙票」事件，內心感到特別沈重。我擔任刑事法教授十八年來，深刻了解治安維護與犯罪偵查，少不了警察體系的配合。我也深刻了解法律人的思維邏輯是法律解釋與批判，這與警察訓練全然不同；警察的訓練需要的是紀律與服從。作者看出警察體系的沉痾來自於「上有好者，下必有甚焉者」，然而，誰是「上」呢？果真是警界高層嗎？還是更「上面」的政客？政客的背後，不正是千千萬萬的選民嗎？曾經身為檢察官的作者，有不屈服於體制的勇氣與資本，但不管是基層警員或警界高層，多數人都是困於無限循環的體制內，浮浮沈沈。人是體制動物，人與體制對抗的下場，不是革命就是離開體制。真心希望這本書描述的各種警察違法事件，不會成為打擊警察士氣的推手，而是正面帶來改革契機的動力。

第三部〈媒體幻象〉，描述了檢察官、警察體系與媒體之間糾纏不清、專業分界不明的各種現象。誠如作者在書中所述，媒體報導具有毀滅性的力量，誰也不敢得罪媒體，而這樣的心態，反映的是人性懦弱，但也造就了司法記者可以在地檢署各科室趴趴走、當面詢問檢察官案情的現象。此外，還有媒體與警方「互為利用」的奇妙結構，彷彿犯罪真相是由媒體，而不是由檢察官的偵辦工作建構。也許媒體或司法記者有著不得不的苦衷，心中也有認為神聖的任務，然而在這種氛圍下，犯罪偵查工作交織著媒體有目的性、方向性的報導，卻形構出扭曲的正義。

這本書的內容有點像法普書籍，但描述的不是枯燥的抽象法律（雖說有些段落，作者還是會突然來個法律魂上身，引經據典地解釋法條內容或法律基本觀念），而是從真實的基層檢察官生活中，娓娓道來各種實踐法律過程的辛酸與辛苦。對於想要矢志考取司法官的法律莘莘學子來說，這本書可以讓你的理想變得更實際一點；對於不是從事法律工作的圈外人來說，這本書描述或批判的內容、事件或體制，可能會被當成在揭露什麼不欲人知的「祕辛」，或通往令人想揭開神祕面紗一窺究竟的管道（但其實本書內容幾乎都取材自公開的新聞事件，而作者正是其中一些新聞事件的當事人）；對於不巧被批判到的檢察體系、警察體系或媒體來說，這本書很有可能會令人不快或惹人生厭。雖然會遭遇可預期的反阻力量，但作者的批判處處透露著反省與企圖勾勒改革藍圖的雄心大志（雖說企圖心好像太大且有些不切實際），最重要的一點，是她的本心與初衷都是良善的。在我看來，作者是一個帶著執著又充滿傻勇的年輕法律人，在擔任了三年九個月的基層檢察官之後，對自己曾經嚮往與追求理念感到幻滅。

我曾建議她要進入體制、了解體制，才有資格批判體制，但沒有預料到她會以出版一本書的方式，「記錄」自己在體制內生存的日子。

如果這本書的出版，震撼了她曾經參與的體系，那麼由衷地期盼，帶來的是正面提升的力量。

各界推薦

● **許伯崧**　資深媒體人

她的意志勝過一切，沒有對正義的信念，就沒有對正義的發現。

● **王子榮**　雲林地方法院法官

從事刑事實務環節中的審判工作，往往可以看到一個刑事案件成形的軌跡，無論是警察、檢察官或法官，都可能會在自己負責的環節發生錯誤。有些錯誤是個人的疏失，但有些則是系統性的失靈，對於後者，單靠個人的努力很難撼動，如果外界能多給予關注，比較能有機會讓改革的齒輪開始轉動，當然，也不排除最後還是會落得徒勞無功的結果。

「辭職治百病！」是忻穎常掛在嘴邊（或寫在臉書）的一句話，看似灑脫，但實際上她的身影仍然在不同司法議題穿梭，心從未離開這片刑事訴訟實務的茫茫大海。人心才是江湖所繫，而忻穎寫出了體制內的盤根錯節，寫出了法律人投身實務工作下的萬般無奈，尤其對檢察體制內的層層壁壘，更是完全不保留地掀開鍋蓋。「人」永遠才是最棘手的問題，解決不了問題，那解決提出問題的人呢？

寧可鳴而死，不要選擇默而生，大概是我讀忻穎這本書最大的感觸。猶記得和忻穎認識，是起源於一〇五年司改會議眾多法律人不斷投書報章媒體，對於司法制度給予各種倡議。幾年過去了，很多人逐漸選擇沉默，唯有忻穎能持續講出鏗鏘之言，讓未來願意走在這條路上的人不會孤單。

- **朱淑卿**　北一女中公民科教師

閱讀此書，讓人想一氣呵成……因為文句嗆辣，卻又字字真誠，透過一頁頁的書寫，作者慢慢為我們揭開檢察官工作的面紗、了解警察體系的運作，以及如何不讓媒體幻象操弄。

我在北一女中開設高一選修課程「有罪？無罪？誰說了算！」時，特別邀請時任新北地檢署檢察官的吳忻穎校友，返校講演「檢察官應該實現什麼正義？」。吳前檢座給人的印象兼具理性與熱情，她以「正義」為主題，深入淺出、旁徵博引地帶領學妹們思考什麼是「正義」，以及法律這條路的意義與使命。

每一屆的小綠綠（北一女中學生），總有人期許自己未來能任司法人員，可以懲奸除惡、成為正義的化身；「我們真的值得為了升官發財，丟掉自己的靈魂嗎？」「當正義被扭曲時，我們能做什麼？」讀到這些，我彷彿看到一位小綠綠抱持初衷，不斷地大聲疾呼：「沒有程序正義就沒有實體正義。」在三年九個月的檢察官生涯中，她認真地依法做事與執行國家賦予的責任與義務。她，無欲則剛。

我希望未來有更多的小綠綠能夠接棒，繼續大聲疾呼：「沒有程序正義就沒有實體正義。」我也希望現在努力朝自己目標前進的小綠綠，未來，當妳們如願穿上法袍後，能夠繼續勇往直前，勿忘初衷！

• **江佳蓮** 基隆地檢署法醫師

以一個非法律專業出身的人來說，最早對法律的淺薄認知僅來自大學的法律通識課程。在第一堂課，老師第一句話就說；「法律不保護好人，不保護壞人，只保護懂法律的人。」充分顯露出法律之前人人平等，但法盲除外的精神，讓我從此堂堂精神抖擻，並對法律的鐵面無私充滿敬意。

本書作者以哈士奇的體力搭配柯南體質，在檢察體系中橫衝直撞數年，以其經驗提供一般民眾了解檢察官的工作型態，把現實中糾纏不清的法理情抽絲剝繭一一道來，讓讀者能一窺其中特殊的官場文化與檢察官辦案心路歷程。有興趣的讀者在閱讀的同時，不妨搭配書中提及的事件查詢相關案例，重新審視那些具有帶風向意味的新聞報導，當能明白作者為何狗吠火車、聲嘶力竭地再三提醒程序正義的重要性。本書為民眾提升自己法律知識水準及鍵盤功力的優良讀物。

• **姜長志**　新北地檢察署企業犯罪組檢察官

忻穎說要出這本書已經說很久了，久聞樓梯響，今日得見廬山真面目，喜不自勝。她以寫實又淺白的文字，帶外界一窺檢察體系那莫名其妙的神祕。檢方圈內人讀這本書，或有拍案叫絕的心有戚戚，或有一竿子打翻整船人的厭惡，這些錯綜複雜的感受，都是這本書的靈魂，無從切割。因為這就是檢察界乃至於各式社會組織都要面對的難題。要單指出檢察體系的弊病何其容易，書中所列舉的各種實例，歷歷在目。但要掰扯清楚誰是書中的「那種人」、誰不是，就非常困難。因為這不只是個人的問題，也是整體結構的問題，結構無形的鎖著人，人也在無形中影響結構。

我曾向邱太三、蔡清祥兩位法務部長當面提及，檢察制度變革的核心是文化，難改的不是制度，是文化。人人爬升官的夢想、階級森嚴的文化不改，任何檢察工作負荷、獨立辦案的保障制度就無從推動。但有時，文化的推進也需要制度先行，例如一審主任檢察官票選，一、二審輪調等制度被「強迫推展」後，讓很多檢察官意識到，升官不必然是人生選項之一。這種信念反映在個案偵辦中，檢察官不再將「上級的眼神」奉為圭臬，而更有空間以自己法律上的確信作出判斷。這就是制度在影響人，而人也在推進制度。

忻穎這本書，談的正是人與制度的糾葛，一次揭露一位基層檢察官在這座腐味已沉的牢籠裡，如何挑戰威權、堅持信念，是一本能讓外界清楚理解檢察體系困境的好書，也是給包括我在內、仍在前線奮戰的檢察官同僚們，一個重新檢視自己今夕為何而戰的機會。

・施家榮　雲林地檢署檢察官、劍青檢改成員

追求正義、期待司法能夠正確且高效率運作，是許多國人對司法改革的共同期待，而這些要求並不是依靠「在少數個案中塑造英雄、神探」或者「用績效要求來製作假數據」就能解決的，我們需要一些能夠普遍適用於大多數案件，讓辦案環境及司法風氣都能提升的對策。

法院作為最後的把關者，其重要性固不待言，但於刑案的發展流程中，警方才是上游，檢方是中游，法院只是下游，顯然從上游的警察先改革會是效益最高的方式；當上游清澈後，帶給中、下游的污染減少，整條河川才會有救！

警政改革除了依賴警方內部，在法制設計上，檢察官有控制警察行為合法性的任務，但是如果檢方已身不正，何以正人？另外，媒體監督整個政府，當然也包括司法人員，但如果媒體與偵查機關有共生關係，或者媒體為吸引群眾目光而作不實、誇大的報導，則其監督作用將消失殆盡。

吳忻穎女士過去曾擔任檢察官，就刑案偵查、公訴蒞庭及刑事執行均有歷練，已從頭到尾完整地參與整個刑事訴訟流程，現又負笈至德國深造，橫跨實務及學術，於本書中對現行司法闕漏之檢討，均能從實際案例及工作經驗出發，而不是抽象謾罵或泛泛而論，相信對司法改革抱有期待者閱讀本書後都能收穫滿滿。

• **陳宗元**　彰化地檢署檢察官、劍青檢改成員

美國著名廢奴主義領袖溫德爾．菲利浦斯（Wendell Phillips）說過：「若是沒有公眾輿論的支持，法律是絲毫沒有力量的。」然而近二十年來，臺灣的司法信賴度極低，公眾輿論對司法極不友善，甚至可以說是厭惡，究其原因可分為法院、檢察體系、律師、警察、媒體、人民本身等面向的問題。本書說明了檢察體系、警察、媒體三個面向的問題，已足使讀者了解大半司法沈痾。一向神祕的檢察體系存在著以升官圖控制基層檢察官、司法資源嚴重不足而無法精緻偵查的問題。警察方面存在著以績效壓迫基層員警鋌而走險，以不法手段來取得績效的問題。媒體方面則有為了點閱率，而以標題殺人、曲解判決以激起民憤的方式來取得人們目光的問題。以上的問題，除了都足以使司法信賴度下降，更嚴重的是可能導致冤錯假案的發生，看似與你我無關，但倒楣時，所有人都有可能是那冤錯假案的受害人。若讀者有興趣了解司法，想知道司法外顯於社會表象的各種深層原因，想了解我們的司法是如何長成現在這副模樣，推薦您閱讀此書，想必會大有收穫。

- **劉潤謙**　高雄市立凱旋醫院成人精神科醫師

我與忻穎（前）檢察官相識於澎湖，對於司法與精神醫療，有密切的合作，她是一個認真而積極的人，而且不會被體制框架，當各地檢署沒有編列經費做司法精神鑑定而個案又確實有需求時，她不是依循過往案例直接將案子起訴給法院，由法院自行安排鑑定，而是在偵查階段千方百計擠出一些錢來拜託醫院進行司法精神鑑定，以對個案有更多幫忙。在監護處分的執行方面，除了每個月例行訪視外，她還會在下班後積極與我討論治療計畫，看得出她非常認真的幫助這些精神病患受刑人。然而，這樣一個勇於挑戰且改善體制的人，終究無法從體制內進行改革，選擇了離開。雖然她常常說：「辭職治百病！」但我相信，她絕不會放棄改革我們國家的司法體制，而是用另一種方法往她的理想前進。

這本書點出我國司法體系內諸多沉痾，不管是體制問題、長期鄉愿、資源不足、馬屁文化等，許多平時隱藏的黑幕，絕對會讓法律圈外人看了目瞪口呆、大呼過癮，也一定會招致許多體制內惱羞成怒的批評，但我仍希望，我們的司法體系，能夠在問題被點出來後，好好思考一下是不是真的言之有理？是不是當初的熱情和正義，隨著不斷的妥協和依循慣例已經消磨？由衷希望這本書能給我們司法改革的列車，添加一些前進的動力。

•蕭仁豪　臺灣警察工作權益推動協會理事

相較臺灣很多法律類的書籍或論著筆法，本書明顯不同，作者以一種「實景」的方式，刻畫在目前實務過程中的狀況，可能有些部分會被認為是「瑣事」，但這其實也是現代的法律教育、討論所缺乏的部分，而也正是在這樣的書寫中，才可能赤裸地揭露現代司法制度的「機械結構」，更進一步反照出在這樣龐大機械中，人性的渺小。

我在初就任警職時其實也曾有過和作者一樣的迷惘。在這種涉及刑事司法的實際工作中，法治／法制問題卻不必然占據首要位置，「人即目的」則是更遙不可及的口號，反而是要從各種不同的「需求」去「妥協」，可是身在這樣的機械架構中，所謂的妥協，不過是畸形的風險分攤，機關得到了競逐評比名次的敲門磚，但違法、危險性執法的風險卻回歸給執行端，而不論再滿心的理想性，最終也會在這樣的環境中磨耗至零。

但同時，我在這數年間常被笑稱「破壞警界團結的異議人士」，在試圖推動警察權益改革、績效制度改革的過程中，接觸了許多人、關心社會問題的團體，進行交流或是實際上的支援，其中也包含與本書作者合作，對現行警察績效制度做出衝擊跟改革建議。在這樣的過程中，會發現我們並非孤立無援，有些乍聽有誤、不完整的意見，也可能正中盲點。

這本書寫的，也是對臺灣社會「包青天文化」的不同意見書，揭露的是在「司法正義」光輝的背面，不被見的政策的歪斜、資源的匱乏、檢與警在扭曲制度中相互埋怨卻又唇齒相依的面貌。最終在超載又瘋狂的政策中，治安逐漸不再純粹為了生活，更像是一種政治速食，刑事司法體系變成收割、生產與追逐數字的「血汗正義工廠」。

身在其中，我們雖然號稱「正義使者」，卻也可能逐漸成為不再探問「何謂正義」的作業員；但我想我們應該警醒，之所以在體制中感到麻木，其實也來自於體制造成的錯覺，以為環境真的是封閉不為外人所知、身為執法者是孤立的。因此，轉身正面問題，然後向人群探求吧、向內心的真意探求吧，道路或許就在此方。

序

吳忻穎

我已經不是檢察官了

一個法律系大學畢業生該做的事情是什麼？

不少法律系前輩的「傳統聲音」會告訴我們——考研究所、國家考試、當檢察官／法官／律師。我在不到十八歲時高中畢業進入法律系，一直到二十歲出頭那幾年的光陰，也都走在長輩眼中的「主要道路」上，甚至被同儕說是「人生勝利組」：大學以第一名的成績提前一年畢業、考上臺大法律學研究所刑事法學組、通過當時錄取率大約八％的律師高考、錄取率大約一％的司法官特考、公務員三等高考法制。我在碩士班第二年，總計通過了四至五個國家考試。我的「法律系學生生涯」看起來一帆風順，然而，這樣按部就班過一生始終不是我真正追求的，我一直在思考自己該做的事情，也想到國外繼續進修、深造，省思我生活的這個國家應該改變哪些地方。

這也是為什麼，在當了三年又九個月的檢察官後，我決定辭職。

或許是因為司法官考試難考，所以很多人認為要放棄這工作不是很容易的決定，不少擁有此身分的人確實也因此分外珍惜「司法官」的地位，但我從來沒有想過要當一輩子的檢察官，所以對擔任司法官這件事情，我也許和很多（前）同僚抱持不同的心態。

過去，我常跟同僚與合作的司法警察說：「我電腦裡有一份辭呈草稿，我是帶著辭呈在辦案的。」很多人以為那是開玩笑，畢竟在這許多人都羨慕通過司法官考試的社會裡，怎麼會有人順利考上卻時時帶著辭職的想法呢？但這卻是我最真實的想法，我過去就是這麼帶著覺悟在當檢察官的。

《刑事訴訟法》所描繪的檢察官圖像，是像下述這樣的：「檢察官是『法律守門員』（Gesetzeswächter），是以起訴門檻進行刑事程序控管，工作貫穿偵查、公訴到執行的整體刑事訴訟程序，是實踐程序正義、追求實體正義過程中的靈魂角色。」過去幾年，「升官」從來不在我的生涯規畫內，因此我根本沒有必要討好體系中的「長官」、也懶得力求鎂光燈案件吸引行政系統裡「掌權官員」的目光。我唯一的目標，就只是在實務上實踐檢察官的理論，負起檢察官該負的責任。

然而，事實證明，這件最基本與最應該做的事，實踐起來卻是困難重重。

手機二十四小時待命的三年又九個月

出身於一個曾讓我小時候領過「補助便當」的家庭，雖然想繼續出國進修，但首先要考量經濟壓力。研究所畢業前夕，我面對的抉擇其一是擔任律師並於業餘時兼課，存夠錢後出國；其二則是進入司法官學院二年訓練與實習，擔任司法官滿三年後再離職出國。我選擇了後者，因為我的指導教授告訴我，律師雖然也是實務工作，但無法看到刑事司法的全貌；「檢察官」的工作才是貫穿整部刑事訴訟法，而且在偵查不公開原則下，檢察官的偵查程序相對「神祕」，如果沒有親自進去走一遭，是無法深刻理解體制、研究實務問題以及改革芻議的。

與多數將檢察官職業作為終身職的前同僚們相較，我的檢察官經歷很淺，然而我卻在分發擔任檢察官的第一和第三個月，就分別挖掘上了全國紙本新聞頭條與讓電視新聞反覆播報的案件，也開始指揮專案。同期同學因此私下笑我「命硬」，別人當檢察官當好久都碰不上的事，我在第一年就幾乎都遭遇了。

這三年九個月的日子裡，我的手機從不關，永遠二十四小時待機，我的精神始終處於緊繃狀態，身體後來因此出了些問題，但即便如此，也沒影響到《刑事訴訟法》與理論賦予我的使命，和我對這一切的熱情。在承辦案件的過程中，我發現了政治、地方、檢察體系乃至於警政體系的結構性問題，又在承辦矚目案件以及兼任執行檢察官期間，對媒體及輿論往往脫離法治、漠視社會問題核心有深刻的領悟，便響應幾位學長姊發起的檢察改革，也多次對外公開發言，呼籲大眾正視體系問題。

此外，我也因為在程序上嚴格把關自己承辦、審核令狀的案件，一度被警界私下帶著譏誚地評價為「門神」。在任內的最後一年，我對警界長期以來為了追逐績效而漠視刑事訴訟法的偽造文書與妨害自由等違法行為、檢方長期以來「睜一眼閉一眼」而日益扭曲的「檢警關係」忍無可忍，清查了轄內所有分局於「斬手專案」期間的可疑卷宗，揭開了這本書第二部所提的「騙票」案。在當時，我的行為不啻是與整個體系為敵，甚至被當成「破壞檢警關係的罪人」。事隔一年多，一、二審的有罪判決證實了我的法律見解是對的，不少學長對我說「判決還妳公道」，但不是的，需要公道的從來不是我，而是在人性貪婪下被拋棄的程序正義。

很多朋友問我為什麼膽敢從事體系內改革與抗爭？重新檢視自己，我發現原因或許是我從未想過要當一輩子的檢察官，更沒想要升官吧！那三年九個月給我的最大啟示之一，便是「一個人如果要無懼權力，前提是要先對權力無欲」。其實體系中的每個人該踐行什麼樣的責任，不但法律和倫理規範有規定、大學學習的理論也有教，是司法人員都必須具備的基礎知識，然而很多人曾經懷抱著發光發熱的熱忱，卻在進入體系後變得畏畏縮縮，最後在載浮載沉中隨波逐流。關鍵在於貪婪人心形塑的體系讓人變得扭曲，以及身在體系之中，許多人抵抗不了「升官」與「權力欲望」的心魔。體制問題與人心貪欲，再加上外界各種去專業化的「風向」，交織成了惡性循環的大網，導致整個架構扭曲變形。

在為期三年九個月的檢察官任內，我總是努力提醒自己要跳脫「檢察官」的框架去看體系內的問題，想著如何在任內以法律所賦予我的所有力量，透過負責的個案去改變體系。期間我曾一度想放棄原訂出國的願望，繼續留在體系內跟戰友一起打拚，進行體制內的檢察改革。然而，我在體系中看到太多沉痾已久、積重難返的問題，有些是人性所致，有些是官場結構使然，有的則是人們不假思考、怠於思辨，被某些不肖媒體、蓄意操作的網紅、直播主帶風向交織而成，這些問題彷彿是糾結難解的煩惱絲，纏纏繞繞。深陷其中之人，如果找不到問題的源頭，那麼就會治絲益棼，永遠無解。看到問題的人即便想改變，在推動的過程中，也會遭到既得利益分子阻撓，左支右絀又得罪無數多擁有權力的人，一個不好還會引火燒身，遍體鱗傷。

這樣的大環境，不斷令我失望。

決意出走

二〇一七年總統府主導的司法改革國是會議，表面上看似是一場轟轟烈烈的「司法改革」運動，我和許多同道也曾滿懷期待地提出務實改革的芻議，例如精神障礙犯罪人的鑑定、處遇與執行問題、檢察體系資源分配不足與不均等問題，但這些真正的艱鉅議題都不在鎂光燈的焦點之下；我終於發現，那場被學者譏為「亂放天燈」的「天燈大會」，[1]其實背後充滿無數政治運作與選票考量的算計，根本沒有多少政客在乎真正的務實改革議題，令人大失所望。不只如此，我曾當面向當時的法務部長提出偵查與執行資源的第一線問題，但是一句「要錢沒有」，以及在座官員帶有年齡與性別歧視的一句「吳檢在我眼裡就是個充滿理想但不懂實務的小妹妹」，又一次讓我失望。

正是這樣一次又一次的失望，化成了絕望，不想讓自己的靈魂在體系中載浮載沉直至被淹沒，只能轉身離開。二〇一九年，我把「斬手騙票案」的起訴書送到法院後，終於放下心中的大石，將存在電腦裡已久的辭呈草稿編修完畢後列印出來，那份辭呈長達五千多字，鉅細靡遺點出檢察體系的問題。在最末段，我說：

職打從進司法官學院受訓迄今，沒有想過要當一輩子的檢察官、更沒有想過升主任、升二審、當大官，所念所慮均為案件的發展、被告／受刑人之處遇，心中從來沒有仕途、沒有個人利益考量，始終以最單純的心在看待這份工作，上開心得與建言，或許刺耳、或許令人不悅，但卻是職真實的感觸。職對於體系內改革已經絕望，並於二〇一八年初退出檢改，惟如鈞長能夠接納職上開臨別感觸，思考檢察體系面對的困境，此為體系之福。

蓋上職章、遞出辭呈，揮一揮手，我就這樣離開了。

離職後，我如願踏上出國的旅程。不少外國同學好奇我過去在臺灣擔任檢察官的

1〈司改國是會議「決議像天燈，掉下來變垃圾誰負責？」學者林鈺雄開砲喊退〉，新新聞，二〇一七年四月十二日。編按：臺大法律系教授林鈺雄指出，國是會議定位不明且議題如山多，不但難以消化完做精確評判，且各單位看法很多矛盾、分歧，卻要在短時間內決議，「有點像是各自放各自的天燈！升上去又掉下來以後變成垃圾誰來收拾」？

經驗以及離職原因，為了回答他們的探問，我得以用局外人的角度，重新省思自己過去身為局內人的角色所面對的問題，最大的體悟便是「回首向來蕭瑟處，也無風雨也無晴」。

如今的我，已經逐漸調整心情面對過去工作看似糾結無解的問題，還有那些在體系裡左支右絀的絕望，能夠以笑談的方式與各國同學討論。有趣的是，將那些我過去「百思不解」的問題，放回到學理來討論，會發現根本「不是問題」，我過去窮盡洪荒之力與體系對抗的「駭人之舉」，在外國同學眼中是理所當然、檢察官本來就應該做的事情。而當我手上抱著「檢察官作為法律守門員」的學說文獻，聽著現在還在臺灣司法體系內奮鬥的前同僚們訴說工作中各種荒謬的困境，心裡更覺得不可思議，彷彿是在平行時空。

未完成的課題

這本書的出版，其實是因緣際會，要感謝聯經出版編輯黃淑真小姐以及鳴人堂前主編許伯崧先生。此外，更要感謝多位法律系教授一直以來的鼓勵與指導、曾經共事或合作的夥伴們與我不斷切磋經驗、給我提點。這本書的內容，其實也是匯聚了向師長、前輩、過去同僚們學習時迸生的點點火光。在檢察官生涯的最後，我回到臺大法學院再進修了將近兩年，特別要感謝為本書作序的李茂生教授與王皇玉教授，在那段時光裡給我的諸多支持。

由於過去在朋友號召下參與改革以及相關議題的投書呼籲，還有把實務工作當成研究素材的興趣，我累積了大量的紀錄文稿。某一天，聯經出版編輯黃淑真小姐聯繫我，表示她追蹤了我的文章與臉書一段時間。她與我聊了很長的時間，雖然我們所學、從事的是不同領域，但在「改變社會」卻有相投的志趣。她說服我，將過去那段經驗以文字的方式書寫付梓，讓更多人與我們一起思考問題的根源。

這本書，匯集、重新整理了我在鳴人堂的專欄[2]以及其他投書與演講討論過的議題。專欄討論的核心是刑事司法與偵查領域問題，所以有許多法律專業詞彙以及實務術語，在這本書中由非法律領域的編輯來幫忙調整，使文字盡可能地淺顯白話，期待這能夠作為一本推廣、讓更多人了解實況、看清問題全貌，從而思索改善的書。

一位學長在我離職前夕感慨萬千地告訴我：「謝謝妳的身體力行讓我看到，原

2 UDN鳴人堂專欄：https://opinion.udn.com/author/articles/1008/2360

來，只是要求『依法』竟然會成為眾矢之的。」為什麼在臺灣司法體系裡的司法人員，要照正確程序與法律做事，會這麼艱難？這個問題不只我，想必也盤據在很多司法人員的心中，而不知道司法體系真實情況的民眾，也許想也想不到這會是問題吧！

我一直都認為，法學理論應作為實務的指引；實務工作應以實踐理論為目標。不能實踐的不叫理想，而叫幻想；法學不是幻想，而是應用的社會科學，思想的核心是幫助人們互相尊重權利、共同尋求幸福。司法實務工作者的任務，便是窮盡一切力量去實踐最初習法時那個發光發熱的理想。但如今，這個社會的司法理論與實務卻是脫鉤的，背後的最大因素在於大家忘記了初衷，在案牘、官場、新聞、網路、五光十色的世界中，逐漸迷失，看不到遠方。

至於偵查實務的困境、檢警關係、媒體幻象等問題，太多、太複雜，也太糾結，也許有人會覺得那些不過是新聞上會出現的特例，跟自己的日常生活沒有關係，但其實仔細思考就會發現，這些不斷惡性循環的問題離大家都不遠。之所以無感，之所以覺得與我無關，也許都是因為從未有機會了解，或不願看清真相。

每當國內發生重大犯罪案件、上了新聞，人們總是在案情不明時看著電視就胡亂咒罵；在不了解羈押要件的情況下，覺得檢察官沒有聲押、法院沒有裁定羈押而覺得渾身不痛快，破口大罵；在不明白法定刑與量刑要素的情況下，向司法投擲言語重石，痛罵「恐龍法官／檢察官」。此外，也不乏民眾攻擊司法人員「太年輕」，戲稱司法人員「奶嘴法官／檢察官」。這社會上彷彿人人都很懂司法、人人都不滿司法，但仔細想想，大家動不動就大動肝火，然而卻似乎從來沒有人說得出究竟司法真正的問題何在。

這本書只是一扇引領讀者進入司法議題的門，試著指出問題，並希望大家讀完後，能試著以深入思辨的角度，看所有與刑事司法有關的時事。依循書中所說的概念與一些眉角，就會發現讓我過去三年九個月裡掙扎的一切現象，不但就在你我身邊、在媒體報導中，也在某些網紅與直播主的渲染下，不斷發生。

這本書，始終是你我未完成的課題。[3]

二〇二〇年十一月三十日
於德國哥廷根（Göttingen）

---

3 關於這本書提到的議題，後續會在臉書粉專「我的紫袍夢——3年9月的檢察官日誌」延續各章節議題做補充，並且帶領大家一起判讀未來繼續不斷「重蹈覆轍」的時事。歡迎掃描QR Code並按讚追蹤，持續關心這些未完成的課題。

檢察官執掌概說

檢察官是「法律守門員」（Gesetzeswächter），其使命是透過程序正義尋求實體正義，肩負從偵查、公訴到刑事執行的刑事司法公正性。工作貫穿偵查、公訴到執行的整體刑事訴訟程序。

檢察官在刑事司法程序中的角色複雜，具多面向，也因此向來神祕。一般較為人知的，是檢察官擁有案件起訴與否的決定權，但實務上，檢察官還有偵查主體的地位，有義務與權力主動偵查犯罪；有監督、制衡的職責，需指揮督導司法警察進行合法、有效的偵查，使其偵查過程合乎法定程序，透過程序正義的方式發現真實。檢察官對警方的偵查活動有合法性審查的權力（更是義務！），若發現司法警察機關移送的案件有未盡、不足處，可以命其補足證據，亦可主動調查或交給其他更適合的司法警察接手調查。

此外，檢察官負有客觀義務，除了調查犯罪證據與事實外，也須注意被告的利益（有利與不利皆須注意），是實踐程序正義、追求實體正義過程中的靈魂角色，並有義務維護其職權的獨立行使，不受政治力或其他不當外力的介入。

檢察官必要時可商請所在地保安機關、警備機關協助，且擁有「指揮司法警察官、命令司法警察之權」。司法警察官、司法警察是負責協助檢察官偵查犯罪的人員，其受檢察官命令時，以與其職務相關事項為限，包含：警政署署長、警察局局長或警察總隊總隊長、憲兵隊長官、警察官長、憲兵隊官長、士官、警察、憲兵、檢事官、廉政署、調查局、海巡與岸巡等。

檢察官的工作是「人」的工作，是在人力可及的範圍內去蒐證、努力防止受到人力誤導、辨別真偽、尋找真實，而既然是「人」的工作，當然有其極限，更不可能像連續劇《包青天》那樣，進行各類光怪陸離的「日審人、夜審鬼」等不符合科學與法定程序的超自然辦案。不少民眾往往誤認檢察官是以一己喜好決定是否起訴，但真實的檢察官不是在辦公室裡批閱卷宗就好，也不能僅憑個人或公眾道德感判斷起訴與否，而需要東奔西跑、協調並指揮各單位、反覆確認與思量和案件相關的證據或線索，並從法律與偵查學的角度來擬訂偵查計畫，目的是盡力確保每一個案件都符合程序正義、人們的權利不受侵犯、能夠得到公正的對待。

司法要解決的事情，是「人」的問題，而司法的極限，也是人力的極限。

圖解（一）　檢察體系與警察體系關係圖

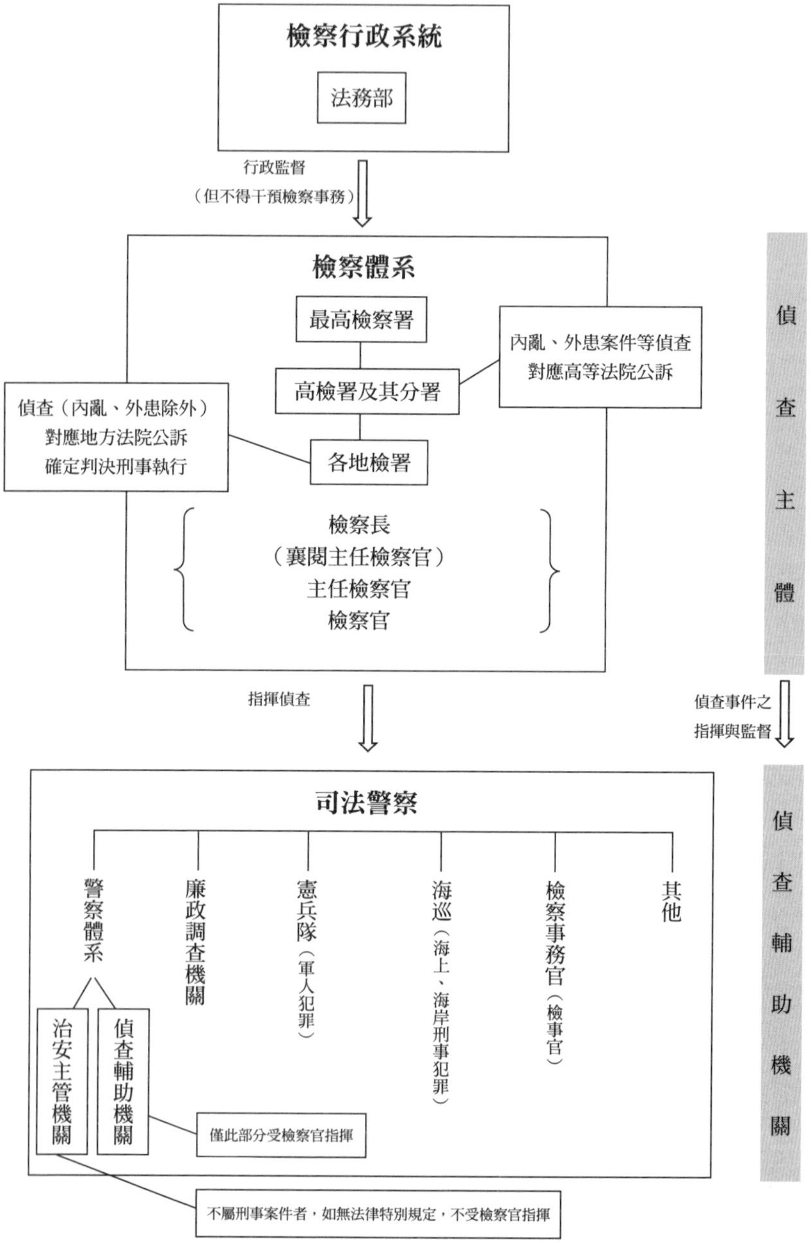

圖解（二）　檢察官的工作

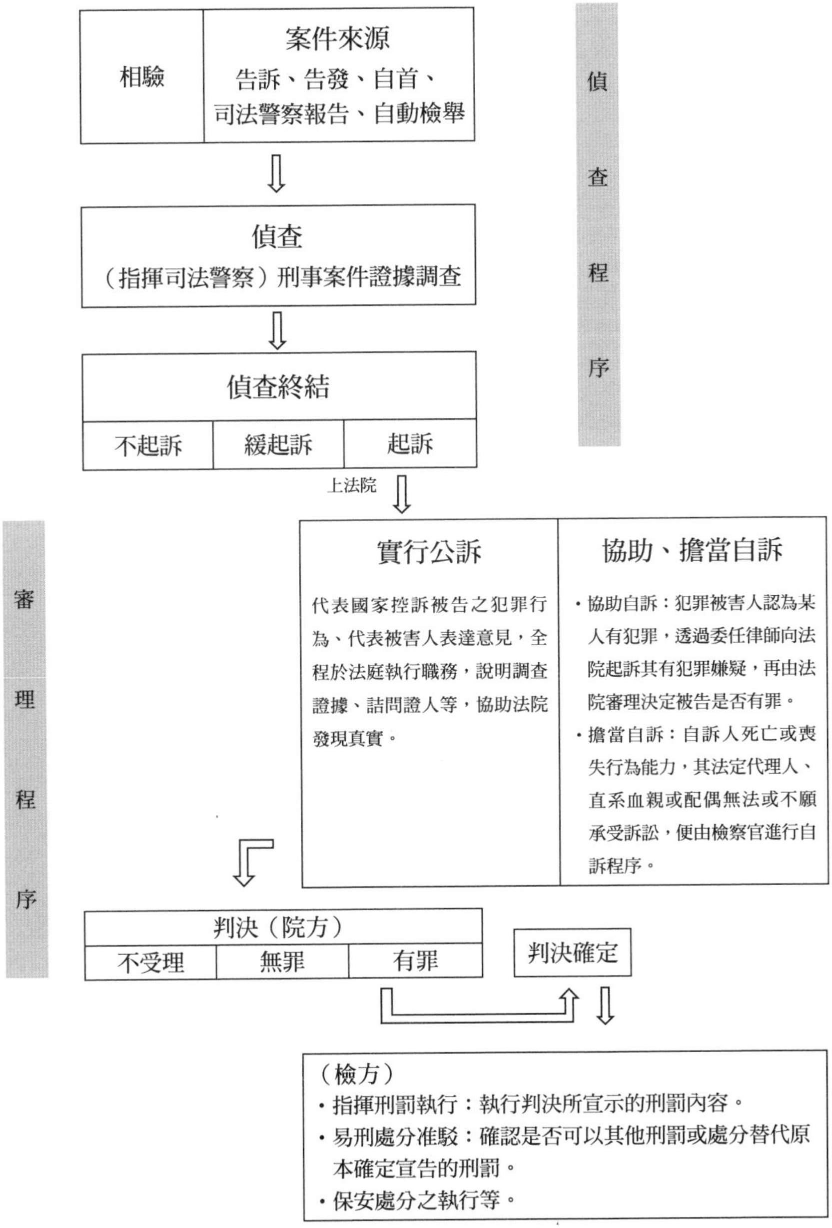

相驗
案件來源
告訴、告發、自首、
司法警察報告、自動檢舉
偵查
（指揮司法警察）刑事案件證據調查
偵查終結
不起訴
緩起訴
起訴
上法院
偵查程序
實行公訴
代表國家控訴被告之犯罪行為、代表被害人表達意見，全程於法庭執行職務，說明調查證據、詰問證人等，協助法院發現真實。
協助、擔當自訴
・協助自訴：犯罪被害人認為某人有犯罪，透過委任律師向法院起訴其有犯罪嫌疑，再由法院審理決定被告是否有罪。
・擔當自訴：自訴人死亡或喪失行為能力，其法定代理人、直系血親或配偶無法或不願承受訴訟，便由檢察官進行自訴程序。
審理程序
判決（院方）
不受理
無罪
有罪
判決確定
（檢方）
・指揮刑罰執行：執行判決所宣示的刑罰內容。
・易刑處分准駁：確認是否可以其他刑罰或處分替代原本確定宣告的刑罰。
・保安處分之執行等。

第一部

搖搖欲墜的檢察體系

第一章
真實的檢察官（一）：邊過勞邊追求理想的低CP職業

一位律師同學在Facebook上發表一段感言：

最近我的臉書上大家都在討論一部戲，叫什麼《我們與惡的距離》？據說是法庭戲？當了律師以後，我就很少看這種戲劇，因為實在跟現實差太多，律師生活絕對不是戲劇演的那樣。

同學的這段話讓我想到，《與惡》劇中擔任人權律師的王赦，面對案件挫敗時還有精神科醫師陪他一起上酒吧聊慰心事。然而現實生活中的「王赦們」有沒有可以一起上酒吧的精神科醫生呢？我不知道。我只知道，有夢最美，影集裡演的和現實可相差了十萬八千里不止。

值班時薪不如一個雞腿便當

一般基層檢察官一天的工作時間分配是怎麼樣的呢？

從上午到地檢署開始，檢察官大概就是埋首卷宗、開庭、與司法警察討論案件，整天少則接十幾通，多則幾十通電話，中途遇到緊急情況時，必須迅速判斷合法與適當的處理方式。當然，少不了有無數的公文、傳真行文等候批示。

偵查檢察官每月收案的案件數少則四十至八十件不等（不同地檢署、警方專案與非專案期間，案件數量會有差異），多則超過一百件。每人負責的案量多到什麼程度呢？以我個人的經驗來說，就是多到曾把卷宗木櫃的隔板壓到變形、垮掉，甚至造成一場「室內職災」。當時我無可奈何地將部分卷宗搬到辦公桌前方的檯子上擺放，不巧又碰上地震，層層疊疊的卷宗應聲傾倒，砸中我的頭，害我頭上腫了個大包。

在《刑事訴訟法》裡，檢察官在偵查程序裡的定位是「偵查合法性控制」與「起訴門檻篩選」的角色，因此被賦予許多任務，加上偵查中有不少緊急狀況，因此檢察官們的各類值班相當精實，一般最為人熟知的就是分為「內勤」、[1]「外勤」。[2]大型地檢署的檢察官值班分為「內勤一」，負責訊問拘捕到案之人犯；「內勤二」負責核票、外勤（有些地檢有分外勤一、二，二為偏遠地區或支援）；小地檢（如離島）因為檢察官人數少，每天內勤一人、外勤一人，特殊狀況時內外勤同一人。基本上都是二十四小時待命。

在這樣左手接電話、右手批示，抬眼閱書類（司法文書，如起訴書、上訴書等）、低頭打報告，還要不時出外勞動身體的情況下，簡直要三頭六臂的檢察官白天要忙的事情太多，利用晚上、週末時間加班趕書類、結案就成了常態。以我自己的經驗，在任時期每天都約在晚間十一點後下班，週末加班更是家常便飯，每月加班時數從數十至上百小時不等，而遺憾的是，地檢署拮据得很，我們每月只能按規定報十八至二十小時的加班時數，多出來的時數就是獻給公理正義，「做功德」用的。

大家肯定很好奇，如此賣命的檢察官值班費是多少？答案是：每小時七十元。

對了，二〇一八年「值班費調整」以前，我的值班費是六十元呢。

通宵達旦的地檢署

除了內勤值班外，檢察官還常有指揮專案[3]的任務。《憲法》及《刑事訴訟法》規定，被告人身自由拘束不得超過二十四小時；所謂的二十四小時，是指在偵查中檢、警共用的二十四小時。也因此在檢察官的偵查實務上，日間時段大部分都用來進行搜索、警詢，人犯往往要到天黑後才會被送到地檢署。於是乎，當夕陽落下，黑幕升起，朝九晚五的上班族紛紛下班返家或相約小酌片刻之時，地檢署的每間辦公室都正燈火通明、忙碌不已，專案行動的人犯訊問、準備聲請羈押，往往都在傍晚過後才開始進行，通宵開庭則是地檢署的日常風景，愈夜愈精采。

然而，檢察官的法定上班時間與警方不同，漏夜、通宵開庭後，隔日上午仍須上

---

1 內勤值班工作內容詳情參見：〈裹著糖衣的績效毒藥——瘋狂的查緝政策、血汗的刑事司法〉，鳴人堂，二〇一七年十二月七日，「內勤值班檢察官要做哪些事情呢？」部分。在大型地檢署，內勤又分成「內勤一」與「內勤二」，前者處理人犯解送訊問、調查，後者處理司法警察聲請令狀事宜。

2 外勤值班工作內容詳情參見：〈載浮載沉的一世空白——淺談檢察官的「相驗」工作〉，鳴人堂，二〇一八年十二月十三日。

3 此指之「專案」，是指檢察官自動檢舉簽分或警方報指揮的指揮偵查案件，往往必須與司法警察討論完整偵查計畫，且通常會發動強制處分，進行完整與精緻的指揮偵查。

班，也因此二十四小時不眠不休並非罕事。

以我自己在離島任檢察官的經驗為例，每月除了必須值班十四至十六天，還常常有連續值班三至五天的狀況，而且離島地區的司法警察比較沒有績效壓力，為求將案件辦好、辦得精緻，重罪、集團性犯罪、需要聲請搜索票、拘票等發動強制處分的案件，幾乎都會報請檢察官指揮，指揮案件因此多。再加上澎湖地檢署採「己案己蒞」[4]制度，起訴的案件會由同一檢察官參與公訴蒞庭，檢察官於是一週中可能會有兩天必須配合院方開庭，有時更會出現漏夜開庭、寫羈押聲請書、專案討論到天亮後，又必須前往院方蒞庭，接著繼續上班、值班，連續幾天無法休息的狀況。

檢察官可不可以選擇不要「做功德」？可不可以加班時數滿二十小時就不要再加班？答案是「不行」。地檢署每個月都有結案統計報表，那是不成文的「競賽」，如果檢察官不想被他人投以異樣眼光、不想因為未結案件太多被評定為「表現不良好」，又不想在結案競爭中降低自己的偵查品質，就必須打落牙齒和血吞——加班做功德，成為被瘋狂管考壓榨的結案機器。

離島檢察官的「生活」

和資源較多的本島相比，離島檢察官的配置與職務分配沒有那麼細緻，必須一人身兼多重職務。除了週一到週五固定上班時間外，每月有約十四天至十六天的平日晚間到隔日上午、假日全天要值班，也因為值班太多，大多時間是不能喝酒的，當然也不太可能像本篇最開頭提到的劇情，和誰相約去酒吧談心。

此外，離島檢察官除了一個月有半數日子都在值班，如果「案運」不太好，自己又是「好奇寶寶」，喜歡挖掘案件出來辦的話，什麼樣的奇特案件都有機會承辦到，如撞船、殺人棄屍、漁業用信號彈放火燒民宅、開車衝撞機場、還有墳墓放火與失火……等等。在離島的兩年，案運「奇佳」的我，每個月最多只能夠回一次位於北臺灣的家過週末。

4　「己案己蒞」制度，言簡意賅地說，就是自己起訴的案件自己參與公訴蒞庭。不少學者認為這其實才是最好的制度。然而在司法實務中，大多數地檢署基於時間分配以及對應法官的開庭時程，將偵查、公訴、執行拆開來，偵查與公訴檢察官是不同人。偵查與公訴檢察官不同人的制度，其實是基於時間、事務、配合法院開庭種種因素考量下而設計的方式，是「效率」的考量。但在澎湖地檢署等離島迷你地檢署，由於檢察官人數少，無法從個位數的檢察官人數中抽一到兩個人出來擔任公訴檢察官，因此採取「己案己蒞」制度。

至於「夜生活」，在不需夜間開庭的專案與值班日，檢察官幾乎都是跟同事、其他司法官相約吃晚餐、逛街、去夾娃娃機店大展身手、散步抓寶可夢，之後再作夥回辦公室加班。飯還沒吃完，就接到警察或法警電話又衝辦公室處理公務的情況很常見。

諸位，歡迎來到現實世界，看真實的檢察官生活。

現實生活中，檢察官並不像電影或影集裡演的那樣帥氣，也沒空酒醉崩潰，嘴上高談人權、正義。檢察官的工作，應該是務實又竭盡所能地在個案中透過程序正義追尋實體正義，在案件量繁重的現實狀況下，許多基層檢察官每天努力加班、熬夜，為的是透過這一串過程，保障被告與被害人的人權。

檢察官沒有什麼時間酒醉和宣洩情緒。如果要談價值，大概就是努力在個案中「用愛發電」，督促自己與受自己指揮監督的司法警察、行政同仁，在個案中以具體的方式實現理論。

所謂的「理論」，不是講抽象的理想，而是在個案中應如何實踐、程序要怎麼做、案件要怎麼調查，如何在資源窮困到捉襟見肘、外有動輒將「司改議題」當作轉移執政失能焦點、內有部分高貴豬隊友的現實中，盡可能實現《刑事訴訟法》中那個發光發亮的理想。

這是檢察官最真實的生活，不是好萊塢、不是「廉政英雄」、更不是口口聲聲自稱的人權鬥士。善盡《刑事訴訟法》所賦予之責的檢察官，每一個加班、值班的夜晚，都是在為法治社會而戰。

檢察官的CP值

雖說檢察官的真實生活和影集中帥氣的模樣落差如此之大，和精神科醫生的交情也是可能有的。

我在離島擔任檢察官時，由於第二年身兼偵查、公訴、執行檢察官的工作，每個月都至少會去醫院看一次精神科醫師，但我不是去掛號看病，是去視察因精神病症或酒癮而犯罪，經法院判決監護處分（接受精神症狀治療）與禁戒處分（戒酒癮）的受處分人，還有與醫師討論與籌畫受處分人的處遇[5]內容。

除了公務上的往來，我也會參加一些公立醫院各科醫生的聚餐，例如大家會相約

5　編注：在診斷、了解問題與評估後，預計針對個案採取的醫療與改善措施。

到某位精神科醫師家烤肉。像這樣的聚會通常不談公事、個案，只是閒聊，雖然難免還是會有些工作上的牢騷。

醫生們對檢察官這職業有什麼看法呢？

他們共同得出的結論，就是：「當檢察官的ＣＰ值低得嚇死人，千萬別讓小孩去念法律！」

第二章

真實的檢察官（二）：要錢沒錢，要人沒人

二〇一三年九月至二〇一五年八月，我在法務部司法官學院為期兩年的受訓期間，同學、實務老師與學長姊們最關心的事情之一，就是我們結業後到底要選擇檢方（當檢察官）還是院方（當法官）。

只要有點司法實務經驗的人都知道，多數人的優先選項是院方。原因除了個性、性向、工作內容、值班與上班時間的考量，還有一個很大的因素——經費、人力與資源的落差。

「檢方要人沒人，要錢沒錢，要資源更是作夢！」

「檢方假日或加班時沒冷氣，很想把隔壁棟院方的冷氣接過來用！」

「（雖然司法預算占國家預算超小一部分，司法經費也不太充足，但是）檢方的預算跟院方比起來，檢方根本乞丐！」

以上是許多檢方前輩的經驗談，戲謔但絕對寫實。

廉價的成本，精緻的期待

檢察官的法定核心工作為偵查、公訴與執行，可以說是貫穿整部《刑事訴訟法》的刑事司法靈魂要角，是每個刑事案件須從頭到尾經手、不可或缺的人物。依照我過去擔任檢察官，從事偵查、公訴與執行的司法實務經驗，檢察官所見的刑事訴訟過程，以及一個被告到受刑人過程的全貌，可能比法官更多。因此，要說檢察官是整部《刑事訴訟法》以及特別法規範下，實踐程序正義、追求實體正義過程中最重要的角色也不為過。

臺灣社會的整體氛圍，只要一發生社會事件，不管大至凶殺、槍擊、強盜，還是小至（有民意代表關心的）小竊案、打架、民眾糾紛鬧事，大家都期待檢察機關以最快速、精緻的方式「完美解決」。如果民眾對社會現象有什麼不滿，也常常無法先冷靜思考這些問題的原因、難以站在客觀角度思考是非對錯，反而不明究理地衝去地檢署按鈴申告，或罵司法發洩情緒。

不只民眾，警政高層、中央與地方政務官員也習慣將一切歸咎於司法，例如和司法無關的鐵路警察殉職案，[6]或檢察官依《刑事訴訟法》判斷不符羈押必要性的警察追車殉職案。[7]在缺少善盡本分、好好務實改革意願之下，大家用各種煽情言論操作風向、上演「一哭二鬧三上吊」的潑皮無賴式廣告操作，把一切問題統統推給司法承擔。

但有誰知道，長期過度負荷各種「人民期待」的司法，擁有的資源到底少得多誇張嗎？

6 編注：二〇一九年七月三日，在臺鐵嘉義站自強號列車上處理補票糾紛的李姓警員，遭情緒失控的鄭姓男子持刀刺傷，第二天宣告不治。〈嘉義臺鐵逃票男刺殺員警　勇警8:10搶救後仍宣告不治！〉，三立新聞網，二〇一九年七月四日。

7 編注：二〇一九年八月二十八日，新北市警察局汐止分局薛姓警員追緝可疑車輛時，不幸發生擦撞而死亡。〈汐止勇警追拒檢撞死！分局長悲嘆：他2年抓72件酒駕…侯友宜到場了〉，ETtoday新聞雲，二〇一九年八月二十八日。

地檢署很窮，真的很窮

只要有司法實務經驗的法律人都知道，檢方的硬體設備有多貧瘠。

就拿我自己的偵查實務經驗來說吧，偵查庭電腦設備陳舊，筆錄與錄影播放系統同時使用時常會當機，導致錄影中斷、書記官打好的筆錄滅失等情況，並非罕事。這些設備老舊造成的困擾，輕則浪費檢察官與當事人的時間重新訊問，重則導致庭期空轉、無法鞏固供述證據。

檢察官辦公室的公務電腦狀況也一樣惡劣得令人不可置信。我與不少檢方學長都有相同的慘痛經驗——如果在使用檢察官書類製作系統「漢書」製作文書的同時，勘驗錄影檔案、上網查詢資料，電腦便特別容易當機，不只如此，書類系統的存檔功能也問題頻頻，辛辛苦苦繕打的書類進度，常常就這樣在檢察官的驚呼之中功虧一簣。

除了上述的問題，相關辦案資訊系統、遠距訊問系統當機、停擺，更是家常便飯。「公務電腦與辦案資訊系統彷彿停留在上個世紀」是許多檢察官的夢魘。不少檢方學長私下自嘲，說法務部提供給大家的作業系統，根本不是支援辦案，而是「拖延辦案系統」，甚至也有不少偵查隊員警表示：「檢察官的辦公環境比我們的還差！」

說到辦公環境，不得不提一下地檢署的冷氣與其他硬體設備，在使用上有多麼

「克勤克儉」。

法院與地檢署通常在兩隔壁，應該有不少律師在兩單位之間往返時會忍不住想仿某首流行一時的對唱曲，唱一句：「一個像酷暑，一個像涼秋。」在地檢署裡熱得半死，一轉身進了法院彷彿來到涼爽人間仙境，是大家一定會有的共同經驗。在某些地檢署，如果是假日或夜間，為了省電，中央空調與特別偵查庭的冷氣會停止服務，熱得大家衣服濕黏、心浮氣躁，如此使人身心煎熬的環境，真是苦不堪言。曾有彰化地檢署檢察官在臉書貼文，以譏諷的口吻描述自己所在的地檢署為了節省經費，早上八點半上班，卻要到九點才有冷氣吹，而且下午五點半冷氣就會斷電，直到晚上七點才會恢復供電，還只提供到九點，讓他熱得受不了：「加個班不到七點內褲就濕了！」[8]引來許多同行點讚，紛紛分享自己在地檢署裡熱得七暈八素的經驗。

如果案件因為聲押而進入地檢署隔壁的法院呢？大家馬上就能在有空調的環境裡平心靜氣思考。「一牆之隔、好幾度的溫差」是不少司法從業人員的共同心得。除了天天被迫參加耐熱大賽，人在酷熱的環境裡開庭也很難靜下心，當事人的脾氣很有可能會「隨氣溫改變」。在此情況下，檢察官除了要保持心平氣和，還必須安撫他人情

8〈檢察官怒PO沒冷氣內褲濕了 同僚：先去拘留室辦公〉，聯合新聞網，二〇二〇年六月十日。

緒，天天內外雙修，久而久之，想必得道成仙的日子也不遠了。

在硬體設備方面，有些地檢署建築老舊、提解人犯通道動線設計不良，不但造成法警與司法警察執勤風險、檢察官人身安全潛在風險，甚至更曾發生人犯逃走、墜樓死亡的案例。此外，某些一級地檢署的檢察官人數較多，數名檢察官必須共用一間辦公室，檢察官往往被淹沒在卷宗山卷宗海之中，環境擁擠，不免有蟑螂、老鼠橫行。我還曾聽在中部不同地檢署服務的檢察官、書記官們抱怨：一、兩百人服務的機關，網路竟然只配十六M（Mbps）的頻寬。某地檢署檢察官自己實際測試辦公室公務電腦的網路速度，只有二．四M；另一個地檢署的書記官隨後也跟著測試自己公務電腦的網路速度，竟然只有一．三M；當時人在國外進修、作為對照組的我，連線國外大學無線網路，在收訊非最佳（無線網路沒有滿格）的地點測試速度，就已經有一二〇M。所以臺灣地檢署的個位數頻寬是什麼意思？「難怪光是登入搜尋引擎搜尋某機關地址，電腦就跑了老半天！」一位書記官恍然大悟。

再拿我自己的經驗來說吧，前文提到的那則卷宗把卷櫃壓垮，我的腿還因此掛彩的經典事件，發生在我於新北地檢署服務期間，不過是個櫃子，我向總務科反映卷櫃層板毀損需維修後，卻將近一年無人聞問，直到我遞出辭呈後忍不住公開投書寫到：「那個被卷宗壓垮的卷櫃隔板，何時有預算可以修繕？」行政科室主管才在文章刊出翌日，到我的辦公室「關切」。

檢察官所在的環境艱困至此，「節省」到連修個卷櫃都要拖一年，更不用談需要負擔高額費用的專家鑑定了。

人人都期待「精緻偵查」與「科學辦案」，現代許多新興犯罪均需要專家鑑定，然而，有人關心鑑定費用從哪來嗎？

以鑑定費用為新臺幣三千元的直轄市車輛行車事故鑑定費用為例，很抱歉，這筆錢地檢署付不起，所以在具有爭議性的案件開庭時，檢察官必須花費精力「說服」當事人繳納費用送鑑定，說有多卑微就有多卑微。

再來談談因為影集《我們與惡的距離》而引發討論熱度的司法精神鑑定問題吧！欠缺司法精神鑑定費用的窘境，司法專業人士再熟悉不過了，我與我的前同僚們就曾碰過不少案子，並不是檢察官不想送精神鑑定，問題是地檢署沒錢。這是再現實不過的問題。圈內人都知道，法務部底下的機關是要人沒人、要錢沒錢。一下要檢方「肅清犯罪」、一下要注重人權、一下又要檢察官舉證被告很可惡具體求刑……但是人呢？沒有，請自己指揮警察；錢呢？沒有，自己想辦法。

我過去曾在偵辦案件時，發現一位慣竊被告的病例有些可疑，而且在監期間的病歷記載他罹患殘餘型精神分裂症、未明示之衝動控制障礙、續發性巴金森病態、其他焦慮狀態與失眠症，其病症包含淺眠、多夢、睡不安穩，情緒不佳時會一直抓自己等，然並沒有看到他的病症記載裡有攻擊他人的暴力傾向或竊盜行為。當地的兩大醫院建議送他去進行司法鑑定。

因為很長一段期間根本沒有人送這位嫌疑人就醫，社政與司法系統也沒有留意到他的生活與精神狀況，只有在他竊盜罪後把他送入監獄關起來，甚至還一度認為他「懶惰」，把他送去強制工作四年。我把他歷來卷宗全部調出來做初步人格以及犯案模式分析，整理後發現他似乎有點竊盜癖，而且暴力傾向是在強制工作出監後開始產生，他的暴力行為幾乎都是在他被送去強制工作後陸續出現。被告說他在監獄和強制工作時有被人打和欺負，加上他一度抗辯說自己有精神病（但一聽說要送他去看醫生，又馬上否認有精神疾病，還稱自己不需要治療），我便決定趁他還在另案執行，趕在他因為被通報家暴行為移審前，送他去精神鑑定。

這個案子發生在離島，醫療資源本來就有限，好不容易商請分局警察跨海把人送到臺灣本島去做鑑定。沒想到鑑定到一半，中途被告疑似精神病發作產生抗拒，只好中斷，而他在出獄後旋即逃亡不見人影，當然也不可能再配合去鑑定，後來通緝他到案後，才又再次被戒護去做鑑定。這一串過程寫起來好像簡單，但是一切行政事項的聯絡極為繁雜，要如何在短暫羈押期間拜託醫院提早進行鑑定，也是讓檢察官頭痛的問題。

好不容易，我終於收到醫院的鑑定報告，白紙黑字寫得清清楚楚，被告有輕度智能不足、罹患思覺失調症，且酒精耐受力極低，一連串的原因導致他「認知功能明顯退化、情緒控制差、自我照顧能力不好、思考欠缺彈性以及衝動行為，造成臨床上社會學與學業功能的重大損害，而且此疾病致其辨識行為違法或依其辨識而行為之能力顯著減低。整體而言，被告行為時的精神狀態鑑定為因為認知功能受限，無法完全認知其行為可能造成之後果，因此無法克制對物品的原始渴望，所以未來仍有偷竊或是攻擊他人之虞」，但是「如果病患能夠戒酒，定期服用抗精神病藥物，應該可以減緩發生的機會與次數」。

這一次的鑑定費用大約一萬多元，我由衷慶幸地檢署在當時還能勉強湊出一些錢來，才能透過鑑定報告，寫出這位被告真正的犯罪原因與人生故事。然而，在這次做完鑑定、終於釐清他其實真正需要的是醫療，而不是入監服刑前，他已經因為司法精神鑑定的資源不足，在精神疾病造成的偷竊與愈形加重的暴力之間，耗去整整四年的青春。

當大家喊著「司法資源有限」、「國庫資源有限」、「聰明司改」時，有沒有想過，金錢買不回四年青春？除了這個案子之外，還有多少人是因為缺少司法精神鑑定的經費，被困在監獄與精神疾病之間的呢？

事實上，上述這個耗費四年青春的案子在拮据的司法體系中，已經算是「非常幸運」的了。當人們看法律相關影集看得熱淚盈眶時，檢察官的現實是，如果發現個案被告疑似因精神疾患發作，導致辨識能力或控制能力下降、因而犯罪，必須求助專業的司法精神鑑定時，往往得不到應有的協助。檢察官首先必須上簽呈請上級同意撥款做司法精神鑑定，但寫了簽呈不一定能夠得到上級「垂憐」，通常得到的回應都是：「行為就是被告做的，可以證明不法構成要件就好了，管精神狀態幹嘛？我們連掛號寄送傳票的郵務費用都不夠了，哪有錢讓你做幾萬元的精神鑑定？」

哈囉，說好的精緻偵查、科技與專業辦案、人權保障呢？

巧婦難為無米之炊

在面對某些類型的白領犯罪，沒錢、沒資源、沒人力的檢方很容易處於弱勢。例如貪污、金融犯罪、環境犯罪等，由於這些大多屬於密室犯罪，舉證難度高；再加上此類犯罪有許多新興類型，具有高度法律爭議，不論在偵查階段還是起訴後的法庭攻防，對檢察官來說都是很大的挑戰。

檢察官在偵查中窮盡洪荒之力調查起訴後，此類被告因為「富有資力」，不但可以砸大錢請來紅牌大律師開記者會上演「痛訴司法不公」的大秀，還常會在律師建議下斥資委任學者「寫鑑定報告」。據悉，每件委任學者寫報告的行情價約在五十萬至百萬元不等。這些「鑑定費用」都由被告出錢，由被告方自行提出鑑定報告，至於撰寫報告的學者的法律意見站在哪邊，可想而知，「完全取決於良心」。

某些學者收下昂貴的委任費用，提出的意見不被法院採用，又不甘法院判決將他的見解「駁斥得一無是處」，不只在大學、研究所課堂上、社群網路上痛罵司法，還在許多崇拜老師的大學生心中種下痛恨司法的種子。

面對財閥、權貴，司法恐怕不是大鯨魚，而是小蝦米。

至於檢察官，在此種國家不給米與食材的狀況下，光是燃燒熱情，能夠烹煮出一道道精緻偵查的佳餚嗎？

第三章
真實的檢察官（三）：屍體腐敗的氣味是法定的使命

相驗

檢察官值班的外勤工作，簡單來講，就是《刑事訴訟法》規定的「相驗」，也就是俗稱的「驗屍」。

《刑事訴訟法》第二一八條第一項規定：「遇有非病死或可疑為非病死者，該管檢察官應速相驗。」也就是檢察官督同法醫與司法警察，到遺體所在地檢驗屍體，調查死亡原因與方式。

相驗程序不只有驗屍，還有事前、事中的準備工作與事後的善後，包含屍體處理、搬運、現場整理等等。例如棄屍案件，屍體被丟到懸崖下，需要吊運、懸吊技術，或是臨時開出山中便道，這些工作除了檢察官、法醫、司法警察以外，往往必須商請其他機關協助，或是委託民間單位處理。

如果無法透過屍體外觀以及現場跡證判斷死亡原因與死亡方式，那麼就必須進一步透過解剖程序來釐清疑點。

法醫解剖的大致流程如下：

首先，法醫使用一般解剖刀做Y字型或一字型胸腔切口，從兩邊鎖骨下方斜線割劃，最後匯集到胸前直線向肚臍方向，之後仔細檢查死者的內臟，包含內臟外觀檢查、秤量重量、切片等程序。

其次，進行腦部解剖。使用電動鋸骨鋸切開整個頭骨（上方半圓切開）以觀察腦內狀況，接著取下頭骨，注意硬腦膜有無出血現象，接者除去腦膜，觀察是否有硬腦膜下出血或蜘蛛網膜出血現象；實務上不乏因該處出血而死亡的案例，且除了疾病所致的自發性出血外，也可能係因外傷所致。然後是除去腦膜，進行腦內部的外觀檢查與切片等檢驗程序。解剖完成後，會將臟器放回身體內部並進行縫合。縫合由法醫進行，不會向家屬收取任何費用。

解剖是法律賦予檢察官的權力，之所以給予這麼強大的決定權，是因為國家要求檢察官負起調查「死因是否有他殺或外力介入的可能性」，以「追求相關刑責」的沉重責任。重點在於，要盡可能釐清死亡原因與死亡方式，如果有可疑的狀況，就應該積極調查，不要讓死者的死亡留下不明不白的疑點，含冤而終。

根據《刑事訴訟法》：當有人死亡，如果屍體所在地的衛生所、直轄市或縣（市）主管機關指定的醫療機構無法判定是病死，因而不能透過「行政相驗」程序開立死亡證明，或家屬、發現人、檢察官或司法警察機關懷疑非病死，就必須進入刑事訴訟法的相驗程序，亦即一般所謂的「司法相驗」。

全國各地檢署每天都會指派至少一名外勤值班檢察官，專責處理司法相驗案件。如果遇到重大災難，例如墜機、火車、遊覽車等多人死亡的重大交通事故、氣爆、其他災難等，則會由多名檢察官組成專責小組處理。

實務上，相驗案件通常是由家屬或民眾發現屍體而向警方報案後，由該轄司法警察先進行初步調查，有必要時則請鑑識小組到場採證，再報請檢察官相驗。檢察官收到司法警察機關傳真的報驗單，會與司法警察確認卷證內容、現場與屍體狀況、指示保全證據等程序，並督同法醫與司法警察到遺體所在地檢驗屍體，調查死亡原因與方式。

如果有其他可疑狀況或應調查的證據，檢察官視情況將指揮司法警察進一步查證，並與法醫討論，決定是否有將屍體冰存、請法醫研究所的法醫擇日進行解剖，查明死亡原因與死亡方式的需要。顯然或可疑為凶殺的案件、初驗發現有可疑而必須解剖調查者，會冰存屍體並通知法醫研究所指派法醫，擇日進行解剖程序。

這些工作，是各地檢署外勤值班檢察官的任務。而外勤值班檢察官在值班當天，可能必須在一天之內前往不同地點，處理好幾件相驗案件。以我自己在新北地檢署服務的經驗為例，如果有屍體在新北轄內殯儀館與醫院的案件，還有交通事故發生的地點在新北地檢轄內，但轉至臺北市醫院急救不治死亡的案件（屍體所在地為臺北市），我就有可能在一天之內前往板橋、林口、臺北市，此外也要往返轄區內各醫院太平間，會耗時數小時在交通上。

在澎湖地檢署服務的經驗則更特殊，會需要搭船前往二、三級離島相驗，耗在交通上的時間往往是半天，甚至一整天。

因為如此，在決定相驗順序時，會視案情與保全證據必要的緊急程度、不同相驗地點的路線安排，還有報驗先後順序等，決定當日案件的相驗順序。例如凶殺案件、重大災害案件，通常有緊急保全證據、勘驗現場、釐清案情的必要，因此最優先處理，而且甚至可能通宵達旦。交通安排的先後順序方面，通常會與地檢署司機、各分局討論，依照路線以及案情緊急程度來決定哪個地點在前，哪個地點在後。

一個相驗案件所需要的人力完全超過民眾的想像。除了檢察官與法醫（如有解剖，則需要法醫研究所指派法醫）外，還需要書記官、地檢署司機、報驗司法警察機關之警力、參與協助的殯葬業者、醫院或殯儀館人員等。如果遇到不理性民眾透過直播號召包圍殯儀館、地檢署或警察局的「特殊狀況」，又需要更多警力支援、花更多時間。

溫柔的堅定

提到相驗，我想大部分人都會害怕。坦白講，在開始實習之前，我也不知道自己到底會不會害怕屍體，但後來事實證明，我根本不需要煩惱這問題，自分發擔任檢察官到辭職這三年九個月來，不論屍體腐敗的氣味有多麼難聞、不論現場有多少蛆或血液，我從來沒有害怕過。因為我知道，《刑事訴訟法》賦予檢察官堂堂正正的使命有多麼任重道遠。

除了需要面對狀況百般的屍體，相驗還有更多驗屍的法醫學與偵查學專業之外的問題。例如決定進行解剖的檢察官被不明就裡、激動的家屬攻擊，或遭人揚言要去殯儀館外抗爭，甚至找民代施壓法務部企圖干擾偵查。我自己也遇過類似的狀況，但從未懼怕，因為身為背負法定使命的檢察官，一方面要同理家屬、理解他們沉痛的心情，一方面也要堅守自己擔負的職責。做一個檢察官，必須堅定不移。

司法相驗，是一個人走到生命終點卻留下疑點時必須踐行的程序，面對不同的相驗案件類型，難免會有遺憾、難過、不忍、憤怒等情緒，這是人性。這些大家都理解，但身為檢察官，就必須克服這樣的人性，讓自己趨於理性與冷靜。

不論是排除疑點還是發現疑點因而偵查犯罪，這些都是死者人生重要的最後一哩路，更是檢察官應盡的義務。

退潮後，他的故事

某日正午時分，海面退潮，某漁港一具浮屍靜靜躺在潮間帶。

他似乎在等待，等待下一波的漲潮將他帶離傷心地，繼續他的一世空白；又像是等待外勤檢察官以相驗結果報告，為他寫出這一生的無字碑。

當時正值外勤的我在辦公室中，奮力敲著鍵盤寫起訴書，一位慣竊的人生故事漸漸成形。突然，一通請示電話將我的思緒從竊盜人生中暫時抽離。

「報告檢座，我們在○○漁港潮間帶發現一具浮屍，如果現在不打撈，漲潮時就麻煩了。」

我於是下了指示：「當然要打撈啊，難道要等漲潮時讓海水默默把他帶走？快點過去拍照，包含現場狀況、屍體擱淺姿勢、屍體如有傷口應局部拍照，漲潮前撈起後送殯儀館。還有，掌握死者身分了嗎？是漁民還是其他身分？當時港區內風向與洋流如何？死者的漁船在何處？與屍體位置關聯如何？」

司法警察岸巡隊回報死者是漁民，從船家與潮流、風向等客觀情狀來看，初判可能是意外落水。

潮間帶的他靜靜躺在那。

從港區的海面漂到潮間帶，再從岸邊碼頭抵達某殯儀館。

在司法警察機關一陣兵荒馬亂、檢察官風風火火的指示後，警察找到了僱用他的船長，講述了幾年前僱用的過程。

他是長期在某地拾荒的羅漢腳，船長可憐他到處流浪，問他要不要到漁港來擔任船員，他便歡歡喜喜地離開傷心的故鄉，和船長一同到漁港開始漁民人生。

他的家人呢？

當檢察官正在開另案偵查庭時，司法警察又來問了：「死者家屬全都說自己是身心障礙者，不願意到場，怎麼辦？」

這實在太荒謬，家屬是身心障礙者，難道就不能為死者後事表示意見？難道不能處理後事？而且哪有那麼巧，整個家族裡找不到一個人能來完整交代有關他的事！雖然無奈，我也只好進一步指示：「從最近的親屬開始找，一一詢問親等近者到遠親，看看是否能推派家屬代表出來處理。」又兵荒馬亂了兩個多小時，最後終於找來了死者的兄弟。

事後得知，「身心障礙」應該只是死者家人想要逃避處理後事的藉口而已。要不是檢察官命司法警察找出他的家人，當地警方用盡一切聯繫管道，促使他的親族推派代表出來面對，恐怕沒有人會到殯儀館見他最後一面。

你是怎麼被海潮帶回來的？

潮間帶的他是如何落海的？僱用他的船長不知道。

此時，我聽說還有一位同船的外國籍漁民，基於各種可能他殺、排除他殺的偵查假設，有必要了解那位外籍漁民的行蹤，還有他與死者的關係，我便立刻打電話問報驗司法警察機關承辦人。

「那位外籍漁民找到了嗎？他與死者的交情與關係怎麼樣？案發前雙方有無衝突？」

該司法警察機關承辦人表示：「可是他是外國人。」

「聯繫仲介公司、找通譯。我現在出發去相驗，請在一小時內找到那位外籍船員和通譯，直接到地檢署，我自己來問……」

相驗的結果是潮間帶的他無明顯外傷，應為生前落水。此外，他身上沒有任何打鬥或防禦傷，查詢保險資料，也沒有任何壽險，再加上後續調閱附近港區、路口、商家的監視器，其中一臺監視器拍攝到死者身亡前一晚的影像，他是單獨前往港區的，所以應該沒有他殺嫌疑。

這麼看來，他的死亡方式應為意外死，是失足落水。

填補空白的人生

船長和死者家屬在殯儀館外，談及死者早年就被趕出家裡，與家人斷絕聯繫，全家沒有人願意出來處理他的後事。

聽到此事的我，開始查詢死者戶役政資料、親等資料，發現他父親雖然還在世，但本案後事並非由父親出面處理。後來我又查詢死者過去斷簡殘篇的紀錄，發現在很久以前曾有一起少年案件，原來，他在少年時期也曾經迷惘。

死者的兄弟表示，他們的爸爸之所以不來處理死者後事，是因為死者在很年輕的時候就被趕出家門了。

死者過去曾因為不明原因而行為偏差，犯下刑案。他當年因為年紀太小未曾入監，卻因此被趕出家門，沒有謀生能力的他只好過著拾荒的流浪生活，從此開始幾十年漂泊無依的人生。

這幾十年的人生是一片空白，沒人知道他的故事、工作，更別說心境了。檢察官只能從那件少年案件發生後，再也沒有其他刑案紀錄的空白前科表中，合理判斷他在流浪歲月中，應該不曾為了生活而去偷、搶、拐、騙。他也許是一位縱使貧窮，也沒因生活鋌而走險的「良民」。

直到幾年前遇到好心船長，他才開始捕魚的生活，從陸上漂泊到海上。船長是他的老闆，也是朋友，他平日就住在船長家或船上跟船長一同討海。幾天前，他多了一位同船的外籍夥伴，雖然語言不太通，但偶爾還能聊上幾句。

失足落海後，負責案件的我和司法警察為他找到了家人。與百般推卻，最後才心不甘情不願推出兄弟來解決的家人相比，與他毫無血緣關係的船長，反而更積極協助處理他的後事。

潮間帶的他永遠不會知道，自己死後，父親是否會良心發現，後悔當年將一個如此年幼的孩子趕出家門。他也永遠沒有機會理解，為什麼自己的家人連見他最後一面都不願意。

善用戶役政資料、前科表、前案書類，可以找到很多死者人生的線索。這些線索雖然未必和案件有直接關係，卻可以補足很多周邊脈絡，讓一片空白的人生變得具體，也有助於釐清生前是否有結怨以及他殺的嫌疑。

檢察官以相驗結果寫完死者一生的故事之後，他的人生從此不再空白，他的死亡也不會作為一個問號，在潮間帶沉默無聲地逝去。

這，就是檢察官受理相驗案件時肩負的使命——《刑事訴訟法》賦予檢察官的權力與責任。

民意＋民代＝關說？

檢察官們很常在分享辦案甘苦談時，提到相驗案件中的「人情世故」問題。因為承辦相驗案件最苦惱又難解決的問題，不是屍體的腐敗氣味與陳屍狀況，也不是驗屍過程本身，因為面對屍體是檢察官應該具備的專業能力。真正的大問題在於，我們必須應付專業以外的「人情世故」。

讓許多檢方前輩覺得「棘手」的相驗案件，死者的親友大多是記者、地方官員或仕紳、地方民意代表。這些「有特權」的親友，會以各種法律規定以外的方式亂入。例如無視當天地檢署還有其他相驗案件，以及案件調查需要時間，竟然「指定相驗時間」、要求檢察官何時到場、「指定程序」、「指揮」檢察官，不只如此，時不時還會以官威或醜化司法的報導壓迫司法人員。

除了地方民意代表介入干擾外，中央的民意代表在違反專業倫理這方面也不遑多讓。我擔任檢察官期間，就曾收到法務部國會聯絡組「轉知」某立法委員給我的一些「意見」。

在臺灣，這些靠關係、走旁門左道的人如此堂而皇之，也許能堪稱世界上所有法治國家中的奇蹟也不一定。

伸進司法的民意之手

實務上相驗案件最棘手的，往往並非案件調查、人力配置、路線安排等，而是家屬的情緒。生離死別是人生最難看透的一個坎，在處理相驗案件時，檢察官必須面對各種複雜的情緒，例如有些家屬會將對被告的不滿，宣洩在司法人員身上。

除了情緒外，家屬也可能因為民間習俗或宗教信仰的不同，在殯葬儀式與「良辰吉日」上有所講究。然而，人力與資源有限，案件保全證據的需求有輕重緩急，報驗案件也有先來後到的順序，不可能只因為某幾位特定家屬的要求讓其他更早報驗的案件乾等。況且，案件的調查與釐清往往不是線性發展，而是浮動的，難以盡如人意。

這時，臺灣民間靠關係、走後門、靠民代或高官施壓的「特殊國情」就出現了。於是乎，檢察官常常要面對地方民代介入「指揮」司法警察、向地檢署「指定良辰吉時作為相驗時間」等，各種在合法程序之外的指示與要求。

如果地方民代「勸告」不果，檢察官堅持依照案件需要，公平排定相驗順序，就有可能冒出立法委員或其他更高層級的大官，透過法務部向地檢署檢察長或襄閱主任檢察官，對這些案子「表示關切」。

某些（有「關係」的）相驗案件的順序與時程被迫提早、加速，意味著其他案件必須往後延，這麼一來，「沒有靠山」的家屬就只能等。此外，加快相驗的速度代表必須投入更多人力、資源，辦案品質也可能因而變差。

如果檢察官堅持辦案品質與公平原則，不理會這些伸進司法的手，會怎樣呢？有些家屬這時就會舉著「死者為大」的大旗，訴諸民意代表與媒體，在採訪或記者會時醜化司法機關，將檢察官扣上「不尊重死者」、「不體諒家屬」的大帽子。

外國駐臺辦事處代表親臨相驗現場

擔任檢察官期間，我相驗過的死亡案件之中，死者除了本國人外，也不乏有外國人，這當中，「最高層級」的外國家屬代表，正是在外交上頗有優勢的歐洲某國駐臺代表。

我還記得那天上午，法警告知我有一件外國人死亡的相驗案件，家屬代表為歐洲某國駐臺辦事處人員，透過司法警察單位提出請求，表示因為當天下午有重要外交活動，因此詢問檢察官到場的時間，並表示是否可以盡量在外交活動之前結束，我們便衡量了當日其他案件的情況，依照報驗與路線順序將這個案子排定為第二件。

我到殯儀館時，一位西裝筆挺的辦事處人員非常嚴肅地站在門口等候，還有一位翻譯與另一位隨行人員。

警方告知說對方已經等了快一小時。我向對方致歉，簡單告知遲到是因為要從另一間殯儀館趕來，又剛好碰上塞車，新北市區的交通狀況實在難料。

這位辦事處人員以中英文交雜的方式回答我：「沒關係，我們理解，我把下午的活動推遲了。」並且很嚴肅地將手上完整的文件交給我。

依照一般相驗程序，我們必須在殯儀館的偵查庭進行一般訊問、確認文件與家屬委託後，才能發交遺體。對方很配合地接受訊問。在書記官索取護照時，他表示自己沒有帶護照出門，只攜帶了辦事處的職員證與相關文件，便將職員證交由警方轉給書記官。

這件案子的家屬委託書上是委託該國駐臺辦事處「代表」全權處理，我當時以為對方是駐臺辦事處派來的代理職員，於是在偵查庭訊問時問他，有無該國駐臺代表出具的委託書與簽名？沒想到他回答說：「我就是駐臺代表。」

我愣了一下、書記官也愣了一下，趕忙拿他的職員證一看，發現他們派來處理相驗的代表，竟是駐臺代表本人。

由於承辦員警並未通知要駐臺代表本人過來，因此結束相驗程序後，我禮貌性地寒暄幾句，對代表說：「其實這類案件不需要代表本人過來，委請其他職員到場處理即可。」

「家屬是委託我們辦事處處理，我問過其他同事，他們說如果是司法程序的相驗，會有檢察官到場，所以我親自來處理比較尊重。」

「我這邊沒有收到外交部或法務部告知您要來。」

代表很疑惑地反問：「為什麼要透過貴國其他單位告知？」

即便身為一國的駐臺代表，且當天下午有重要的外交公務行程，他仍選擇親自到場，以表對他國檢察官的尊重，自始至終沒有透過任何管道施壓法務部、高檢署或地檢署「指定時間」、「加速處理」。

我從他的做法，可以看出他們尊重司法的態度。我相信，他們是以對自己國家司法的態度，來處理與外國司法交涉的事務。

外國人是如此，而我們自己呢？

就是要俗又大碗

臺灣民眾普遍喜歡「俗又大碗」，辦事不只要速度快，還要品質佳。但是我們都知道，如果要追求速度、品質，就必須投入更多人力與資源，自然不可能便宜；如果要便宜，就不可能兼顧速度與品質。

大家喜歡在日常生活裡占小便宜、討價還價、把公家機關當成服務業，自以為「繳稅就是大爺」，連本質上需要時間、視證據狀況決定案情發展進度的刑事司法調查程序，也想追求快又便宜，不只要相驗快，開庭也要快，又要求調查必須精緻，絲毫不管先來的其他案件調查也需要時間。

另外，也有為數甚多的人喜歡粗暴地不問背景，就拿其他國家公部門辦事的精緻程度與福利和臺灣相比，認為司法機關應該要有同樣的成效。不過，這些要求加強品質與效率，卻不負責成本、滿腹牢騷抱怨的人，往往在聽到要滿足他們的目標就必須加強盡公民基本義務，也就是要提高稅金之後，全都態度一變，避之唯恐不及。

除了喜歡抗議稅賦政策，許多人還喜歡三不五時製造謠言抹黑稅務機關。尤有甚者，稅捐法規明明存有很多「合法節稅」空間，還是有很多人要違法逃漏稅。違反稅捐稽徵法逃漏稅而被起訴後，甚至還有「前法務部長」向地檢署檢察長「轉知陳情」，試圖認罪協商的荒謬案例。[9]

這種不喜歡繳稅，卻要國家提供完美服務，動輒透過民代、大官施壓的文化脈絡，顯示了欠缺法治觀念與沒有責任感的問題。明明知道自己付出的成本少得不可能得到完美的服務，也知道很多人都在排隊等資源，但他們眼中沒有別人，只有自己，所以才想盡方法靠關係、走後門。

還有許多人喜歡街談巷議、在網路上道聽塗說、穿鑿附會，只要自己不滿意，就抹黑司法，將所有問題歸結為「司法的問題」，但實際上，臺灣司法人員在極其有限的資源下，除了要面對人民製造的排山倒海的案件量，還要面對關說、抹黑，早已不堪負荷。

拿二〇一八年度歲出總預算為例，一九九一七．七億中，司法院與法務部占了多少呢？司法院二二八億、法務部三三一億，但法務部的經費還包含獄政、廉調機關、國際與兩岸事務、法制等各類事務，最後落到檢察體系的預算，總共只占年度歲出總預算的二．八％。

司法堪用的國家預算少得如此可憐，卻要承擔、處理社會上大大小小的刑事案件、民事糾紛、行政爭訟的責任。當大家氣血上湧、嚷嚷著司法不公、恐龍法官或暴龍檢察官，認為凡事都要以自己的事為最優先，要求「俗又大碗」時，司法體系的問題又有誰能看到呢？

9 此案件經高檢署調查，認為桃園地檢署前檢察長彭坤業，未依接獲人民陳情或請託關說相關規定處理而有違失，但前法務部長邱太三卻堅持他只是「轉知陳情」。有關高檢署的調查結果，參見高檢署《新聞稿 108.4.2》：https://www.tph.moj.gov.tw/4421/4509/4515/657296/。

更何況從來少人聞問，也少去思考：當一個體系裡妨礙檢察官循正常程序辦理案件的因素，比協助檢察官的多更多；當民眾對司法的道聽塗說、對司法的要求超乎常理到荒謬，且沒有什麼能阻止這些誤解時，這個體系與社會究竟是出了什麼問題？

在這樣歪斜的體系與社會裡，想要正常守護司法價值、好好做事的檢察官與其他司法從業人員，過的是什麼樣的生活？

第四章
來去地檢署亂鬧

目前偵查實務的困境之一，在於地檢署偵查動能幾乎被假性財產犯罪與濫訴案件癱瘓，檢察官忙著處理民眾「走錯程序」的胡亂提告，或是行政機關濫行告發的非刑事案件，每月忙著寫數十件不起訴處分，浪費了大量偵查資源，難以就真正且重大的犯罪進行最理想的精緻偵查。

檢察官，幫我要債！

所謂的「假性財產犯罪」，指的是民事事件債權人「誤用」刑事程序，使得原本該走民事爭訟途徑，卻因為債權人企圖走刑事程序，使用偵查資源處理不該進入刑事系統的案件，造成檢察與警察等偵查機關負荷不當加重。

為什麼會「誤用」呢？因為打民事官司要錢，到警察局或地檢署告人不用錢。這導致了大量單純民事案件遁入偵查實務，壓垮了偵查能量。

此外，還有許多內容與犯罪顯然無關、重複告發或告訴、不服公務員依法執行公務而濫行提告……等等，濫訴案件數不勝數，而這樣濫用「免費」偵查資源，就是在浪費國家資源。

以下舉個例子：

A請水電工程業者B來住宅的浴廁安裝馬桶。馬桶安裝完畢後，因為牆壁龜裂，A懷疑B施工品質不佳，拒絕支付尾款，雙方因此民事承攬契約的履約爭議僵持不下。

這種問題，如果是正常法治國家的理性公民，解決之道便是雙方坐下來好好談，談不成則依照民事訴訟程序處理。

可惜的是，A、B顯然愧為法治國家的理性公民。B跑到派出所告詐欺，理由是A不付錢，他覺得A騙他。A被警察通知到案詢問後，氣呼呼的也跑到地檢署申告，告B毀損，說B是故意讓牆壁龜裂的，但也說不出對方之所以故意毀損他家牆壁的原因。接著，A再加告B一條誣告；他說B去警察局亂告，所以就是誣告（但他完全忘了先看看自己是不是也在亂告別人）。B聽說A告他誣告後，不甘示弱，也提告A對他提告的誣告案說是誣告。就這樣，無數多的「誣告」案產生了──我告你誣告，你再告我誣告的誣告，我又告你誣告的誣告的誣告……

大家覺得上述的情況好笑嗎？檢察官可是一點也笑不出來，因為這就是地檢署的日常。

很多人喜歡開口閉口就說：「公務員吃納稅人的錢，所以應該『服務周到』。」把公務機關當成服務業。他們真的該好好想想，地檢署的資源就是納稅人的錢，而他們要求公務機關提供額外的「服務」，還要「周到」，其實就是把大家的稅金浪費在不應該用的地方。

地檢署平時處理最多的，就是這類因為修馬桶、買賣履約、借貸等爭議的假性財產犯罪案件。造成問題的癥結點在哪呢？我們恐怕要一起來好好想想是不是和臺灣公民教育失敗有關，因為很遺憾地，能夠產生這麼多無法透過正確法律與相關規範，也不懂透過理性論辯、說理、協商來解決問題的濫訴「巨嬰」，還視錯誤的方法為正常，怎麼看都是個社會集體的問題。

說來悲哀，現在我們的社會裡就有大量的「巨嬰」，他們年紀一大把了，還是把刑事司法人員當成保母，彷彿永遠長不大。

這些「巨嬰」在生活中碰到問題時，沒有解決民事交易糾紛的能力，又不願意付出法律成本委任律師，貪小便宜只想找免費的資源、不願意支付民事裁判費，動輒胡亂報警或申告，企圖以「免費」但實則浪費國家司法資源的途徑達成私法目的，有時候甚至還會因此引發更大的爭議，或肢體暴力衝突，例如其中一方不滿事情被弄上法院而找碴，雙方互毆，接著再互告傷害，又上一次法院者，大有人在。

檢察官，我的車呢？

稍有刑事司法經驗的司法人員都知道，全國各派出所的亂源之一，就是分期售車或租車行業者（包含短期出租與長期租賃車業者）。

這些企業經營者遇到客戶遲延返還車輛、價金分期或租金爭議時，不願意聘請律師走民事訴訟路線、也不願意支付民事訴訟費用，貪小便宜，很愛亂報警，濫用警政贓車登錄系統和刑事司法資源，不管警察與司法人員怎麼苦口婆心好說歹說，他們就是堅持這麼做。

將大量純屬民事案件的車號登錄進刑案贓車系統，會有什麼可怕的後果呢？那就是使得基層員警不知道這些車輛到底是不是真的失竊了，對於該不該逮捕車輛持有人更是倍感困惑。

最離譜的是，客戶已經繳了多期價金或租金，也沒有隨便把車過戶，很多業者卻只因為對方其中一期價金或租金沒繳或遲繳就報警。報警以後，客戶回去車行繳錢、說明遲延給付原因之後，這些業者收了錢，卻也不回派出所做筆錄，似乎懶得向警方說明「一切都是誤會」，最後害得客戶被檢察官傳喚。如果收到傳票的客戶不到庭，可是會被拘提、通緝的。

這類租車或售車業者「製造」的假侵占案件，不但塞爆全國各地警局和地檢署，嚴重損耗司法與警政資源，更造成第一線執法員警的困擾。

不少員警在辦理這類案件時，根據車輛駕駛人提的出租賃契約、買賣契約、付款收據等合法占有車輛的證明，也認為這根本是民事糾紛，對方更不像犯罪的現行犯，不宜逮捕。然而，就像民意之手總會伸進檢察官的辦案過程，也總是會有警界的「資深前輩」或民眾，會跳出來指控依法辦事的員警才是「縱放人犯」，嚴重「瀆職」，把整件事鬧得沸沸揚揚、藉此施壓。

告天告地，告檢察官

濫訴的「巨嬰」到處是，檢察官也難逃他們天女散花般的指控，而且因為實在太頻繁被告，就像急診護理師見血面不改色，檢察官以及地檢署的職員們對民眾的指控和官司纏身的情況也漸漸麻痺了，反應往往平淡異常。

我在澎湖地檢署服務時，某次內勤值班日收到一張申告單，書記官表情非常有趣的跑進來跟我說：「檢察官，妳又被告了。」

被告到司空見慣的我穩如泰山，拿起圓戳章準備蓋值班受理案件章時，隨口問一句：「這次是告我貪污還是瀆職還是收賄呀？」結果一看，案由竟然是「侵占」這種一點都「不威」的罪名，驚訝之餘竟有些失望。

這位長期濫告他人的告訴人，告我的背景與理由是：他十年來不斷告自己的仇人，而且每年都會想出一些新事實來告。這次他告了侵占，卻提不出任何佐證，經查，被告根本沒有侵占行為，想當然爾，負責本案的檢察官我，只能做不起訴處分。這位濫告人後來聲請再議，又被駁回。於是乎，他恨從心頭起、惡向膽邊生，索性告檢察官——也就是我——和自己的仇人是侵占的共犯。

對於當年那個習慣民眾吃飽沒事就跑來告檢察官或是其他地檢署職員貪污、收賄，偶爾聽到被告的罪名是一點都「不威」的輕罪還會感到震驚的自己，現在回頭看，這反應真是令人欲哭無淚。

我想當檢察官的人，在職期間應該都會有那麼幾刻，腦中閃過一個聲音，覺得自己肯定是前世欠了別人很多債，這世才會在這麼一個瀕臨失能的體系裡，和「巨嬰們」糾纏不休吧。

地檢署他家後院

除了上述提到的告人告不成，就告做出不起訴處分的檢察官，幻想檢察官跟被告是共犯的案例以外，地檢署還有五花八門的「胡鬧案件」，讓人想哭又想笑，不勝枚舉。

司法ＶＩＰ傳奇

我擔任學習司法官時，指導老師們曾提醒我們，日後分發擔任檢察官，第一個月要向同署的學長姊或資深書記官求教，摸清該地檢署轄內的「ＶＩＰ名單」（或稱「院檢之友」），以免辦案時產生「不必要的麻煩」。

什麼叫做「ＶＩＰ」？即「臺灣高等檢察署所屬各地方檢察署及其檢察分署辦理他案應行注意事項」第三點指的：「經常提出申告之人，所告案件均查非事實或已判決無罪或不起訴處分確定」、「陳述事實或告發內容係虛擬或經驗上不可能」、「對公務員依法執行公務不服而申告，但對構成刑責之要件嫌疑事實未有任何具體指摘，或提出相關事證或指出涉案事證所在」等，不斷濫訴之人。

這類ＶＩＰ對司法資源有什麼危害呢？危害可是大到全臺各地檢署幾乎都要特別分出一組專組檢察官（約三至六名檢察官，視各地檢署分組編制而定），專門應付這些ＶＩＰ。

我被分發到澎湖地檢署擔任檢察官的第一天，同事們便很熱心地提醒我哪些人是「澎湖ＶＩＰ」。和一般人的想像不同，這些司法ＶＩＰ並非不學無術分子，相反地，他們可能是退休教師、公務員、（自稱）博士，以及警察——這類人作起亂來，比地痞流氓還讓人頭疼。

VIP（一）——熱愛上地檢署訓話的老師

第一號VIP人物是退休老師C，由於他對外在世界的認知與他人不同，加上個性偏執，因此常與鄰居、生意往來對象不合，動輒對這些跟自己不合的人提出告訴，而且什麼罪名都能告，竊盜、竊佔、侵占、偽造文書、傷害、貪污、瀆職……他都告過。

經檢警查證後發現根本不成立犯罪，地檢署檢察官為不起訴處分並經高檢署駁回再議確定後，他還不死心，不斷告他痛恨的人也就罷了，還會順便連同不起訴處分的承辦檢察官、主任檢察官、檢察長一起告，說他們都是共犯。澎湖全署包含檢察長在內的檢察官，每年平均會被他告約五至十次以上。

當然，濫訴是每個地檢署都「習以為常」的事情。對檢察官而言，忍住心中的笑意或怒火，以一本正經的文字來簽結、駁回各種不符科學的科幻劇情，是基本技能。

其實寫書類雖然痛苦，但還堪忍受，C最讓檢察官、檢事官、書記官與法警們頭痛的是，他每次到地檢署申告時一定要在偵查庭內「演講」數十分鐘甚至一小時以上，講的內容還與犯罪無關。他會從盤古開天闢地開始陳述自己與仇人的恩怨，而且值班檢察官或檢事官不能打斷他，一定要讓他講到心滿意足為止。

如果檢察官或檢事官質疑：「這些恩怨情仇跟你要告的罪名似乎沒有關係？」他

會拍桌痛罵檢察官「開庭態度不好」。在「全盛時期」，他可以一週到地檢署申告五次——週一到週五天天申告，像上班一樣，週休二日。

某次，一位同事值班時碰到他，不得不「恭聆聖訓」，任他在偵查庭裡痛罵。沒想到罵了數十分鐘後，他突然指著我的同事說：「我也要告你，你要『迴避』，你出去！」

同事聽到「迴避」兩字，深感「謝主隆恩」，終於解脫了，趕忙起立鞠躬：「好，我迴避，我虛心接受你的要求，我現在出去。」立刻離庭，趕著去處理拘留室內人犯的「真正刑事」案件。C後來發現同事離開後沒有其他檢察官來「聆訊」，大發雷霆，在地檢署內大吵大鬧，要求「檢察長本人」親自下樓受理案件，然而，檢察長也在他的被告名單之列，照他的邏輯，檢察長也該「迴避」才是。

C的傑作當然不只是告檢察官而已，連同承辦過這些案件的警察、受理他提告民事案件的法官，全都是他堅持提告的對象，而書記官、縣政府的地政人員等公務員，也都是他心目中的「共犯結構」。

VIP（二）——我博士捏，急急如律令！

第二號人物是博士D。他之所以被尊稱為博士，是因為在每份書狀，寫給總統、法務部、司法院與監察院長的陳情信裡，都會自稱「受害人〇〇〇博士」。

D因為與某大學發生難分難解的糾紛，不斷對大學校長、總務長、學務長、人事室等各科室職員提出告訴，後來甚至連行政院主計處、教育部等公務員都被他列為被告，安上的罪名五花八門。

濫告也就算了，D甚至還把書狀內容、教育機關文件、地檢署的簽結函文等全數張貼到網路上，不斷鍵盤咒罵司法人員、大學職員與其他公務人員。書狀的內容十分精采，不但妙筆生花，時不時還會出現超自然力量：

……渠等共犯被告不識字、不衛生，衣冠禽獸，目無法紀，強姦輪姦我憲法人權，違反法律保留原則、違反禁止恣意原則、違反禁止兩種行政行為併行原則，食髓知味，胡幹、亂幹、硬幹……

……為人師表，天理昭彰，不得好死，急急如律令！

D不斷寫書狀，針對同一事實反覆提告，而想當然，除了使得地檢署每月必須簽結他製造的大量案件，書記官必須製作大量函文回覆他之外，毫無成果。

面對被駁回的告訴，D視這些「不順他意」的檢察官與法官為仇人，進而向總統、監察院、司法院、行政院、法務部陳情檢察官與法官，就連同書記官也不放過。除了提出刑事告訴，他也在數間法院提告民事，不過這些案件最後均因「未繳裁判費」被駁回。D不死心，再接再厲，聲請大法官解釋，又因程序問題被駁回。

經歷了這麼多「挫敗」，D毫不覺得錯在自己，因為他認為千錯萬錯都是司法人員的錯，便開始申告檢察官、法官與書記官「瀆職」。然而，他除了在書狀中咒罵司法人員，並沒有具體指述這些公務員有什麼瀆職事實。

在他提告書狀、陳情信與網路謾罵文章中的司法人員，是這副模樣的：

……渠等無品、無德、無知、無恥的共同正犯被告小混混不作為。共犯被告檢察總長〇〇〇、澎湖地方法院檢察署檢察長〇〇〇、檢察官〇〇〇與〇〇〇、紀錄科長〇〇〇、書記官〇〇〇共犯，神經病！不識字又不衛生！司法小混混！無恥！

……泯滅人性，禍國殃民，迫害無辜，根本沒天理，不得好死，本尊詛咒你。

民眾在訴狀上的創意滿滿，除了像D這樣文詞華麗、連詛咒都用上的能者，還有人會手寫，彷彿是清朝時代的訟師遞狀，考驗司法人員對於寫字藝術的鑑賞力。訴狀的載體更是五花八門，甚至有檢察官收過手寫在廁所捲筒衛生紙、內衣褲、餐巾紙等各類「材質」上的書狀。

這些帶著謾罵和詛咒的書狀、陳情信是司法圈內眾所周知的奇妙現象，更由於D自己把這些內容公開到網路上，也成為不少人津津樂道的茶餘飯後題材。雖然他每篇都指名道姓，其實涉及公然侮辱罪，但公然侮辱罪為告訴乃論之罪，需要有被害者提起訴訟才會追究被告，而司法人員向來都被教育要對這些VIP「有肚量」，以免造成同事負擔，因此無人對他提起訴訟。畢竟，VIP發作起來人見人怕，多數法律圈內人只怕會浪費更多司法資源。

VIP（三）——預知未來的犯罪

第三號VIP是前警察E。他長期以告人為手段騷擾仇人、獲取和解金，不過和前述幾位VIP不同，夜路走多了，他總算遇到了鬼。

E似乎將投訴、檢舉、告人當成休閒活動，在從警期間就是該地區的頭痛人物。他曾因工作表現不佳遭到上級處分，因此埋伏在單位門口攝影、抓自己同事的小辮子，也曾因不滿檢察官承辦他的案件的處置方式，埋伏在司法機關附近偷拍機關首長座車出勤時間。他種種乖張的行為，讓各單位警職人員聞名喪膽，連單位長官都怕他。

說來唏噓，曾經威震一方的E，最後竟敗給了鄰居家的寵物。故事是這樣的：

E對鄰居家養的狗很有意見，常因此與鄰居發生爭執。某日，當時還有警職在身的他跑去轄區派出所報案，訴求很離奇的是「要對鄰居家的狗聲請保護令」。

派出所內值勤的員警對這種於法無據的訴求深感愕然，不知該算是哪種案件，於是輪番上陣，與E講道理，好說歹說，派出所值班主管甚至出面大聲強調：「那是狗，不能聲請保護令啦！」糾纏了十數分鐘，E仍堅持要派出所受理此案。

E無視同事們的無奈，打電話到警政上級機關檢舉同事「吃案」，警政上級便通知督察組巡官前往處理，巡官只好在下班的晚間又回到分局，「受理」E檢舉同事的案件，煞有其事地開錄音進行檢舉記錄。在錄音前，巡官充分告知E，這件申訴警察的事件會製作錄音紀錄。

E對巡官大肆抱怨派出所員警處理程序以及鄰居占用道路等事，法律常識正確的巡官最後對他說：「在這件事情的處理上，派出所並沒有錯，對狗確實是不能聲請保護令，派出所如果真的幫你向法院聲請保護令，才是貽笑大方。」

聽到這番話後的E忿忿然，在離開分局督察組辦公室前，向巡官「嗆聲」：「我現在回去，馬上走路看我會不會受傷，我就走人行道，受傷的話我就叫救護車全部依法處理，看我會不會受傷，我就走人行道，我受傷我就全部依法處理嘛！派出所不處理的話，相關違失我再追究。」

九分鐘後，E帶著他的孩子到他說的人行道附近，因「不明原因」在路邊跌倒，叫救護車大張旗鼓地到現場急救送醫。雖然送醫後並未發現明顯實質損傷，但在E強烈「主訴」頭痛、頭暈的情況下，醫生還是開了張「腦震盪」診斷證明給他。

翌日，E前往分局報案，稱自己跌倒的原因是被鄰居放在人行道上的鐵架絆倒，堅持要告鄰居「（故意）傷害罪」。儘管無奈，員警還是依照規定受理了，並且非常謹慎地製作告訴人筆錄、全程錄音錄影。

在這起案件前，當地地檢署與警局已受理過E提告的多件莫名其妙案件，例如：走在路上自稱踢到某醫院載送殘障人士的車輛而跌倒，於是告醫院的司機；走在路上拿攝影器材不斷拍攝鄰居，接著告鄰居公然侮辱自己；跑去公務機關找公務人員麻煩，再告公務員恐嚇自己。這些案件分別經不同檢察官不起訴處分。雖然檢察官們多次討論E誣告罪的成立可能性，但誣告罪在司法實務上對於構成要件的解釋嚴格，要證明他的確有犯意在先，再刻意為之，實在是舉證困難。

當時正受理數件E申告同一人案件的我，留意到他，交代分局以後務必完整記錄跟他有關的報案過程並妥善保存錄音檔，也與一位小隊長與偵查佐討論誣告的構成要件與舉證方式，請他們密切注意。孰料，不久後我就接獲這件「預告未來會受傷」的神奇傷害案件。

記得當時偵查隊與派出所員警忿忿不平地表示：「哪有人在十分鐘前就知道自己會受傷的，這根本就是誣告！」

在我的要求下，偵查隊與督察組員警將案發前E對狗聲請保護令的錄影檔案、督察組巡官與E的對話內容、第一線員警與救護車前往現場的行車紀錄器、密錄器、相片等檔案，全依照時間順序分析完成，並製作詳細的譯文表，甚至丈量人行道路寬、障礙物等距離，費盡千辛萬苦，終於將這疊的「傷害案件」卷宗送到地檢署。

一般人如果早知道路上有危險，理應會更加避免受到傷害，而從卷證資料顯示的事件時序以觀，E預告「自己會受傷」約莫短短的十分鐘後，還跑去他自己提到的地點，又恰恰在他向巡官所述的「危險路段」跌倒受傷，實在有違常情。第一線員警表示，他們前往現場時並沒有看到人行道上有鐵架等障礙物，這又是另一個疑點。

況且，縱然路上有「靜止」擺放的低矮鐵架，不論是踩到還是絆到，依照生活經驗，人的上半身會往前跌，不可能會往後跌倒在地導致頭部著地而受傷。更遑論他人高馬大，後仰頭部著地竟然沒有任何紅腫外傷，真是奇蹟。

「檢察官因告訴、告發、自首或其他情事知有犯罪嫌疑者，應即開始偵查。」這是《刑事訴訟法》第二二八條第一項的規定。由於懷疑E「因其他情事」有誣告罪犯罪嫌疑，負責此案的我依法簽分偵查，依照卷內證據，認定此案到達誣告罪的起訴門檻而起訴。

E誣告犯罪情節嚴重，在傷害案中以證人身分到庭時具結（以書面保證所述為真實）後作偽證，又始終沒有悔意，更試圖掩飾犯行、模糊焦點，因此最後在公訴論告時具體求刑一年以上有期徒刑，法院也判決有罪，有期徒刑一年，三審定讞。一審判決後，E依法被停職，判決確定後經免職處分，不再有警察身分。

VIP（四）——超自然力量的信徒

最後一種VIP，主要是由於精神疾患引發幻想與幻覺，但欠缺病識感、不願意就醫，於是在司法機關間不斷徘徊者。他們無故申告的對象可能是至親、醫生與護理師、社工師、公務人員，也有可能是現階段科學無法驗證的神鬼、外星人，或是經驗上不可能出現的監控系統、食人族等。

一位擔任律師的學弟曾跟我抱怨，他進行公益性質的免費法律諮詢服務時，遇到疑似有妄想症狀的民眾自稱「被附身、謀財害命」，要對不詳的人提告。學弟竭盡所能微笑傾聽，然而該民眾後來不知為何不滿意學弟的親切服務，便申訴律師，理由是學弟：「回答法律問題時笑臉迎人，好像在嘲笑我。」

對檢察官而言，類似上述的經驗可是家常便飯。很多檢察官都有因為處理此類案件時「面無表情」或「笑臉迎人」，或是因為不起訴、簽結而遭民眾向總統、監察院、行政院、法務部等各機關陳情。

在這類濫訴人之中，妄想自己「被監控」的患者占多數。在他們的幻想中「國家機器動得很厲害」，有警察、特種部隊、特勤人員、國安單位或其他公務機關想要監控他。常見的申告劇情有：警察在家中插座裡置入電磁接受系統，遠端監視；在器官或組織裡面安裝監視系統，比如「在牙縫裡面安裝監控器」。另外也有部分人對「電磁波控制腦波」情有獨鍾，會提出大量網路上搜尋而來的電磁波與腦波的文章，具狀或當庭要求檢察官「好好研究」。

對檢察官而言，這類案件不可能找得到「犯罪行為人」，而正因為在科學與經驗上根本不可能有犯罪，所以結案並不困難。困難的點在於，這類ＶＩＰ會不斷糾纏司法機關，把檢察官、警察、社工、醫療人員、其他公務人員全部列為「共犯」，且案件被簽結後，他們很有可能會到地檢署咆哮、潑漆、寫陳情信、申告時霸占偵查庭不願離去。

我在擔任檢察官期間，就曾經遇到一位濫訴人Ｆ，他幾乎每隔幾週就會到地檢署申告。Ｆ心中的世界非常可怕，鄰居都是會偷他內褲的竊賊，村民會趁他睡覺時爬上他與配偶的床對他強制性交，家人則不讓他喝飲料，他所在的村莊還被食人族入侵、被外星人攻打。

F偶爾會在申告時大亂偵查庭，例如唱歌、跳舞、不願離去，造成地檢署開庭延宕、門外大排長龍。我曾經在一個月內收到四件以上他的無厘頭申告、警方移送案件。在他提告的案件中，有些案件因為幻想出來的事實太過「具體」，例如告某鄰居在某年某月某日侵入他的住居，還必須經過調查才能寫不起訴處分書，導致警政與司法資源虛耗。

後來我在卷宗中發現F就醫醫院的精神科醫師，恰好是與地檢署保安處分有合作關係的友人，便詢問醫師有沒有辦法幫助F脫離苦海。熱心的醫師表示F已經拒絕就醫多時，他自願到地檢署擔任「證人」。後來我們在開庭時合力說服F就醫，地檢署接連幾個月的偵查庭失序才宣告落幕。

這類會到司法機關「掛號」的民眾通常沒有病識感、拒絕就醫，他們的家人也可能欠缺正確衛教知識而拒絕面對。在醫療系統與衛福單位漏接的情況下，他們堅信自己沒有生病，卻又被幻覺所苦，求助無門之下一再找錯機關，而警政、司法等機關無法處理這種幻覺問題，他們便將憤怒發洩在公務機關。

事實上，他們需要的不是司法，而是家庭、衛政資源與醫療。然而，他們往往拒絕使用醫療資源，儘管衛福預算是僅次於國防以外的最大宗，卻仍然無法幫助他們，而本來該由衛福與醫療承接的問題，便外溢到本來不應負責醫療的司法領域，成為司法的不可承受之重。

對此，一位精神科醫師無奈地如是說：「本來應該找我們掛號治療的病患，就這麼變成你們司法體系頑劣的客戶了。」

無法可治

肯定有人會說，這些濫用司法資源、滋擾警察機關與其他公務機關的VIP們，難道無法可治嗎？沒錯，很遺憾地，現階段可以說幾乎是如此。

也有人會想試圖提出解決方案：「被人告以後如果不起訴，難道不能反告對方誣告罪嗎？」只是依照最高法院判例及判決對於刑法第一六九條誣告罪的解釋，「須告訴人所申告內容，完全出於憑空捏造成或虛構為要件」，而不起訴處分的理由很多，大多時候是因為證據不足，然而證據不足並不等於有「憑空捏造成或虛構」事實。在檢方偵查實務上，誣告罪的證明因此成了極困難的大哉問，這也是為何能夠成功起訴判刑的誣告案件並不多。誣告罪要成立，除了要對方告的內容是虛假的，還要證明一個人有犯意，這是十分困難的事，像E那樣罪證確鑿成功被起訴判刑者，少之又少。

再來是法院判決實務上向來認為，如果告訴人是「誤認」他人犯罪，那麼主觀上他就沒有誣告的犯意，只是搞錯情況。

如果是誤認法律見解，那麼也不能說這些人是誣告；例如某人不知道民事債務不履行並不構成詐欺，跑去地檢署告了不還他錢的人詐欺，因為對方確實沒有還錢，他主張的事實沒有錯，只是用錯了法律。司法實務向來對於告訴人非常寬容，推定「人民不懂法律」，所以就算告錯也只是出於對法律的錯誤認識，弄錯法律所以「告錯了」，不成立誣告罪。

第五章
要升官，首先要忘記信念

我在辭去檢察官職務前夕，曾應中央警察大學行政警察學系邀請前往該校，與未來的警官們談檢警關係與法定使命。

對於《刑事訴訟法》中「檢察官」這個角色的定位、任務與使命，同學們的印象大概就是「指揮偵查、開庭、看卷」，但具體的角色功能，不要說民眾不熟悉了，就連有第一線實務經驗的警大二技學生，也只能從過去工作中與檢察官接觸的片面印象，模糊地回答。

我在該次的投影片上展示了一張澎湖地檢署的舊剪報資料，那是我在二〇一五年九月從司法官學院結業，初分發前往澎湖地檢署擔任檢察官時，《澎湖日報》刊載的檢察長對新任檢察官的要求：

檢察官係代表國家追訴犯罪，伸張社會正義，期勉兩位新加入之生力軍在實踐過程中，審慎行使強制處分權，並遵守程序正義。……能展現團隊辦案的精神，統合轄內警、調、海巡等司法警察機關之力量，發揮積極主動的精神，秉持客觀中立的立場，依據證據仔細偵辦案件。[10]

這其實是《刑事訴訟法》與《檢察官倫理規範》的基本義務，是檢察學基本理論，也是法律人琅琅上口的——「只有遵守程序正義發現的實體正義，才是正義」、「檢察官是刑事程序守門員」、「檢察官是審查強制處分的第一道防線」、「客觀義務」等。

檢察官的工作貫穿整部《刑事訴訟法》，從偵查、公訴到執行，都是檢察官的工作。檢察官所見的刑事訴訟過程、被告到受刑人過程的全貌，可能比法官更多；檢察官是整部《刑事訴訟法》以及特別法所規範，實踐程序正義、追求實體正義過程中最重要的角色。依照《刑事訴訟法》，身披紫袍——黑底鑲紫邊法袍——的檢察官，是

10〈新到任檢察官宣誓就職〉，《澎湖日報》二版，二〇一五年九月四日。

整部《刑事訴訟法》中最重要的靈魂人物，也直接影響每個刑事案件的發展。

我在司法官學院受訓時，由於對刑事法的熱愛與執念，一開始就決定選擇檢方。我滿腔熱血的以為只要自己不忮不求、堅持依照《刑事訴訟法》行事，就可以勇者無懼地在實務工作裡，實現從在學校裡就追求的閃亮理想。

然而一轉眼，三年九個月過了，我在無能為力的挫敗感中辭去這份工作，箇中甘苦，如人飲水，冷暖自知。

人人都該升主任？

現實的檢察實務中與理想有很大的差距。

在職期間，我一次又一次對體制失望，除了發現扭曲的人事升官圖，還親眼目睹了某些複雜因素導致的畸形「檢警關係」。除了指揮動能不彰、媒體與檢警高層歌功頌德的英雄文化，乃至基層員警口耳相傳的欺瞞檢察官、甚至騙票、騙指揮，此外還有浮濫移送，就連線民和被告都可以是假的。[11]

那些本該如此的簡單道理，檢察官竟然要窮盡洪荒之力，甚至不惜與輿論和政治力為敵，才有辦法在遍體鱗傷中實現。而這些問題的根源之一，在於檢察體系有一套「升官圖」的潛規則。

任檢察官滿一段期間後，就需要面對「升主任」的競爭。主任檢察官的名額有限，必須在前後幾期的學長姊、同學、學弟妹之間評比「戰功」，以及誰「適合」當主任。只要有點檢察實務經驗，不論是否抱持想要升主任想法的檢察官，都聽過前輩提點：「敵人就在同學與前後期同事之間。」在遴選主任前夕，總是會有一些人事運作，當然也不乏出現暗箭與流言。

為什麼要搞小動作？因為檢察官人事升遷有「過站不停」的潛規則，如果沒在一定服務年限中升上主任，未來就幾乎不可能有機會再升遷了。在這樣的文化下，競爭自然激烈。升上主任檢察官後，接下來還有繼續升官的「前景」——選襄閱主任檢察官、升二審（高檢署）。當上高檢署檢察官後，眼前就會有當檢察長、從事政務官等升遷的升官圖。

要如何在這套升官圖中平步青雲、一帆風順？其實沒有人具體、清楚地知道要

11　對於此問題的深入討論，請見本書第二部。

怎麼做，才會讓自己成為高層心目中「適格」的人選。不少前輩表示，重點之一在於「戰功」，即辦過多少大案、新聞案件。也不乏有學長提醒：「記得要把承辦過的新聞案件報導影印或存檔起來。」存檔的目的不是記錄辦案經驗，而是為了有益未來的升官之路。這也是在偵查專組中，黑金、緝毒等有較多新聞關照的組別永遠炙手可熱的原因。除了戰功，更重要的是長官提拔、人際關係。一個檢察官是否「聽話」，在大地檢署中有沒有小圈圈、派系，是非常重要的事情。

在升官路上要顧慮的事比費心費力精緻偵查案件還要麻煩。「我這一輩子就不升主任、不升二審，當個陽春檢察官就好」，這段話我說過很多次，身邊很多志同道合、由衷令我敬佩的學長姊也都講過一樣的話。很多胸懷理想的檢察官都想豪氣地做檢察官分內該做的，不理會這些麻煩事。但，現實是什麼？現實是在這個系統裡，人人都該升主任、也都該有升主任的願望才行，你不做，就會成為白羊群裡的黑羊。曾有前輩奉勸我辦案要「知所進退」、發言要收斂、要我聽話，還「苦口婆心」地說：「到了一定的時間，看到同期同學都升主任、上二審，而妳還是陽春檢察官，妳就會後悔了。」

沒想到，想好好做個檢察官，是這麼困難的事。

服侍警政高官與媒體

檢方的升官圖上需要的是「戰功」，加上在國人集體素樸正義觀、[12]媒體喜歡捕捉腥羶色、製造聳動標題的背景脈絡下，檢警高層其實是需要攜手製造「正義」假象的。檢警高層的互利共生文化，於是扭曲了整個偵查體系。

許多基層員警肯定萬分不解，為什麼檢察官身為主導偵查案件的偵查主體，要被扭曲的警政專案績效制度牽著鼻子走？為什麼檢察高層甚至還會和警政高層一起手牽手合作無間的催生專案績效？又為什麼要求檢察官「配合」警察績效辦案的大有人在？

不少基層檢察官也百思不解，為什麼當他們堅持法定門檻而不願意「配合」警方績效，下一步可能會面對的是「警方高層電話直通檢方高層辦公室」？又為什麼檢方高層會在這樣的咬耳朵「溝通」之後，在根本沒有看過全卷資料、釐清案情的情況

12　素樸的正義感是源自於日文「素朴な正義感」的概念，指人民不加思索的直覺式正義感（「市民感覚の正義」），在我國傳媒或網路用語時常談到的「鄉民正義觀」也是類似的概念。例如看到有人被害，出於情緒與本能地感到憤怒，想要找出加害人予以處罰。然而應該思考的是，目前的社會結構複雜，犯罪問題的成因更是千絲萬縷，人們直覺想要找出加害人、對被告丟石頭的衝動，是否能夠解決千變萬化的社會與犯罪問題？

下，就草率對檢察官下達奇怪的「指令」？

法律圈內的人應該更不能理解，為什麼在某些地區，警方公關單位可以在沒有與指揮檢察官討論下，任意發布新聞、向媒體揭露案情，甚至公開警用密錄器、偵防車行車紀錄器、逮捕畫面等偵查不公開的核心資訊？這樣到底是有沒有想辦好案件？又為何檢方對這一切荒腔走板視若無睹，軟趴趴的，沒有阻止警方行差踏錯的作秀行為？

我與不少前同事都有堅持依法辦案，卻遭到警方高層背後咬耳朵的經驗。我也曾在承辦被告親戚為地方首長的重大案件時，碰到承辦員警與被告的地方首長親戚有「不尋常通聯」的情況，警方甚至拖延報指揮、拒絕依照檢察官指揮及時前往現場找證據進行證據保全。見狀，我約談該分局警官，但分局長、偵查隊長卻在電話中表示「沒空」，逼得檢察官發傳票傳喚這些大官，他們才「不得不以證人身分到地檢署」。

希望這麼做能翦除地方警察與地方政治不當關係的我，「下場」是什麼呢？是飽受攻訐、背後插滿抹黑的箭羽，一度引來檢方長官們關切，好心提點我：「辦案重要，但是地方派系錯綜複雜，檢警關係更重要。」後來有學長告訴我，如果不是我承辦的這個案件最後成功找到證據，起訴並判決定讞，否則這些地方勢力和警察群體反噬的力量，可不是我這個「初生之犢」能夠想像的。

升官圖

檢察體系的「升官圖」架構數十年來一成不變，因此每年都有固定的「升官時程」——升主任檢察官、升任二審（高檢署及其分署）等，大抵時程都固定。至於在某些特殊情況下開缺的高層大位，也都會提前傳出風聲，開始人事布局。

資深檢察官不往上爬就會成為所謂的「萬年陽春檢察官」，除了要和資淺檢察官負責同樣的繁重案量，還必須忍受遭人在背後指點的孤獨的壓力，因此到達升主任的年資時，檢察官之間便會開始出現一些明裡暗裡的人事布局。每年升遷時機到來前夕，某些「志向高遠」之士，在辦案之餘總是會出乎意料地多出很多閒暇時間為自己的升官鋪路。除了拜會有力人士、商量如何「喬」位子，有時也會黑函、謠言滿天飛，致使有些辦案能力極佳、有所作為卻不幸得罪小人的檢察官因不實流言中箭落馬，有些蠅營狗苟之士趁亂上位。

是誰提供了這樣強大競爭的升官誘因？且讓我引一段蕭淳尹法官的文章：

> 地檢署檢察官業務負擔，整體高出高檢署業務負擔數十倍不只，但高檢署檢察官人數卻約莫為地檢署檢察官人數十分之一強，合理嗎？至於最高檢檢察官，業

務負擔相較於高檢署檢察官，又是完全微不足道，人數也約莫為高檢署檢察官人數十分之一強，合理嗎？官當愈高，業務負擔愈輕鬆，愈有權無責，多少人能抵擋升官的誘惑呢？[13]

這就是檢察體系為何會形塑出強烈升官文化的根本理由。官愈大，權愈大，責任卻愈輕。多麼美好的升官圖啊！在這樣的情況下，有志升遷者之中，有多少人會願意忤逆上意、置前途於險境呢？

不過升官這條路充滿太多不公平與不確定性，並非靠自己努力可達成，有許多人選擇放下，以平常心看待，實現檢察官的使命，但也有一些人看不開。有人選擇盡可能八面玲瓏，不做出讓檢方高層「頭痛」的事，或在同事之間當濫好人，對受自己指揮監督的司法警察與行政同仁永遠睜一眼閉一眼。有人選擇當辦案紅人，熱愛博取新聞版面，在升官布局前夕丟出大量「新聞案件」，也不管偵查是否完備、是否精緻，反正先起訴再說，後續丟給法院和公訴檢察官煩惱。拋出案件的他於是成為記者筆下與高層眼中的紅人，達到順利升遷的目的，就算這些草草起訴的案件後續被判無罪，也彷彿和他沒有關係。

當然，也有人選擇在長官之間蠅營狗苟、「奉命辦案」，甚至不惜成為政治打手，靠著攀附派系一帆風順。為了升官，他們對於史官之筆亦無所懼。至於靠著背後造謠、黑函、暗箭傷人，將有實力的人拉下馬後，自己趁虛而入者，更是大有人在。

黑函、暗箭齊發的宮鬥大戲

黑函與流言橫行的暗箭歪風文化，盛行於匿名的法官論壇、檢察官論壇，有不少司法官因此將這兩個論壇戲稱為「暗黑論壇」。

我曾聽前輩說過下述這樣的一套升官腳本：

檢察官G、H同為某年準備升任主任檢察官的人選，就在人事布局期間，某法官登入檢察官論壇，撰寫文章譏諷G檢察官的人格，將其描述為「靠著高層罩」之流。這封黑函公開發文後，G中箭落馬、H順利升任主任檢察官。在升官布局塵埃落定後，因黑函一事涉刑責，經檢方向法務部調取檢察官論壇使用人紀錄，大家這才赫然

13〈扭轉官愈高責愈輕的檢察體系刻不容緩〉，公視新聞網，二〇一七年三月十四日。

發現，那位登入檢察官論壇發布該黑函的法官，竟然是H的配偶。

類似的抹黑腳本層出不窮，甚至還有許多影射男女關係、操守、私生活等含沙射影的流言。在這樣烏煙瘴氣的內鬥中，有人垮臺、有人藉此上位，此等在「宮鬥」連續劇裡的戲碼，竟然在本應公正、客觀、獨立、憑證據辦案的檢察官官場中出現，令人咋舌。這些欠缺實據、捕風捉影的鬥爭，不但犧牲了一些在實務工作中兢兢業業且具有辦案能力的前輩，更讓某些靠著這類不入流手法上位的檢方高層，也動著歪腦筋以類似手法對付從事改革活動的基層年輕檢察官。

例如，特別將從事司法改革活動的檢察官列為「貪瀆被告」交給底下的廉調機關調查，結果廉調機關查無不法後，還不甘心，發函要求地檢署政風室、主任檢察官調查「檢察官是否有在加班時間從事法普與改革宣傳活動」。當然，這些指控純屬子虛烏有，對於這樣的行為，政風室、主任檢察官都無言以對。

也莫怪乎曾有幾位資深前輩善意提醒我：「不要再想改變了，你們不知道官場有多凶險，更難以想像會有哪些手段對付你們。」

「檢察官為法治國之守護人及公益代表人，應恪遵憲法、依據法律，本於良知，公正、客觀、超然、獨立、勤慎執行職務。」這是《檢察官倫理規範》第二條的規定，也是所有檢察官都知道的「應然」。

在我提出辭呈後、離職前，一位我敬重的學長跟我分享其對於檢察體系升官圖的批判：

我根本不認為升主任、升二審是多偉大的事情，再怎麼升，在刑事訴訟法中總之都是「檢察官」，升官代表的應該是責任更重，而不是可以不附書面的任意耍弄淫威。想當官？檢察官這個職稱中不就有個「官」字了嗎？還想當什麼官？

但檢察官們面對的是鐵板一塊、數十年來難以撼動的「官愈高責愈輕」僵化體制。於是在被卷宗壓垮、愈基層案件愈多、壓力愈大的負荷中；在每個挑燈夜戰開庭、加班的疲憊中；在每月加班時數超過地檢署經費所能支出的額度，仍選擇割捨與家人相聚時光，無償加班「做功德」的假日裡，本來懷著熱血初衷的人們，就會選擇走上分歧的道路。

有些人選擇咬緊牙根，打落牙齒和血吞，堅持刑事訴訟法中的檢察官圖像，面對法定職權，不惜與高層抗顏直諫，揭發高層濫用職權甚至關說的醜陋面；但也有人開始以各種投機取巧的手法，甚至暗箭傷人，走向終南捷徑，通往升官大道。

有人一生擔任陽春檢察官，笑看檢察體系中數十年來如一日的宮鬥戲碼；也有人在失望之後，轉身離去；還有一些人，拉幫結派，自甘淪為政治工具，因為派系首腦在政治中沉淪，最終違法遭判刑，樹倒猢猻散；也有不少人在官場上春風得意，操弄鬥爭手法，卻參不透眼前權力只是一時，難敵蓋棺論定時的史官之筆。

「勿忘初衷」四個字寫起來何其簡單，但在官愈大責任愈輕、愈基層責任愈重、僵化的檢察體系升官圖中，根本就是對人性赤裸裸的挑戰。

升官上位的人

檢察官的工作包含偵查、公訴與執行，可說對刑事訴訟程序的公正性具有關鍵影響力。為確保此項檢察權公正行使，應擔保檢察官的獨立性，這便是「檢察官獨立性」的理論由來。至於大家常常在新聞上看到的「檢察一體」概念，則是檢察權的自我內部監督機制，是為了確保檢察權之公正行使，防止個別檢察官在個案中濫用權力、曲解法律，做出枉法行為。「檢察一體」的運作不得違背檢察官的客觀與合法義務，在法律面也有諸多的制度設計，好讓檢察官面對不合法與不合理的命令時得以提出異議。例如要求檢察長以「書面」下達指令；當基層檢察官不同意該命令時，可以書面陳述意見，並讓檢察長將案件移轉給其他檢察官。[14]因此在法律規範面與理論上，檢察官承辦案件具有高度獨立性，要依據法律並客觀調查事實，而不是服膺於權威，甚至政治勢力的「上命下從」。雖說如此，但問題在於，理論歸理論，實務上就是有一大堆不依照理論做事的人。

在臺灣檢察體系長期扭曲的環境下，有太多位高權重之人濫用「檢察一體」，把本來應該是內部合法性監督的機制，當成服膺權威的工具，假借「監督」之名行「打壓基層異見」之實的情況層出不窮，體系中人時有耳聞。這也是為什麼，有不少人認為，檢察體系改革最重要的第一步，就是「人事改革」。因為透過前述宮鬥大戲一步一步往上爬、掌握權力的人，往往在位高責任輕的扭曲升官圖中，成為占著高位然而使命感、實質工作能力皆令人懷疑是否不足的人。而且理應具有專業、獨立性等司法官屬性的檢察署，竟然存在不可思議的「威權」文化，更使得這樣不合理的職務分配

14 雖說的確可以這麼做，但一般在檢察實務上很少鬧到這步田地，因為移轉權過程會以書面進行、留有紀錄，更代表檢察長必須為最後的成敗負責。

難以變革。

身在高位，但學養、德行與實務能力都不合格的例子，實在太多了。就拿北臺灣某地檢署之前召開檢察官會議的事來說吧，該地檢署討論主任檢察官[15]是否也要與基層檢察官一樣有值班的事務分配事項。經檢察官會議表決結果，決議主任檢察官平日不用值班，只有春節時的內外勤需要與偵查檢察官一起抽籤值班，並將該次會議的討論事項及結果呈報法務部，請示法務部適法性。法務部回函，表示該會議討論事項及結論並無違法，不過必須請檢察長核定後陳報法務部，始生效力。

沒想到該地檢署的檢察長，在沒有其他主任公開反對春節值班的情況下，率先表示「反對主任檢察官值班」。他提出這個意見後，檢察官投票的結果仍然以出席人數約三分之二的表決結果，壓倒性地贊成主任檢察官必須在春節期間加入抽籤輪值，不料這位檢察長當場仍舊蠻橫地表示他不予核定這個結果，導致多數與會檢察官紛紛離席以示抗議。

見到同仁如此反應，檢察長非常震怒，竟然在半夜、清晨於檢察官群組發送訊息，暗諷基層檢察官們：「人，不孝不可交；人，不誠不可處！人，不懂尊重別人、不講信用、心胸狹窄、不顧全大局，不懂換位思考者，不能與之合作！」

這位很懂「忠孝」的檢察長反對主任檢察官參與值班的理由是什麼呢？他後來寫

了長達七頁的「人倫道理」（但遺憾地沒有談什麼法理與檢察學論據），在會議中當場命一名主任檢察官朗誦，而該主任檢察官也還真的奉指示照辦。

在場有檢察官計算，朗誦的時間長達八分鐘，內容則通篇站在「長輩」的父權思維立場「勸戒」後生，大談「歲月的歷練」，說「路長腳為尺、山高人為峰」；「大事不糊塗、小事不計較」；要做個「自信揚在臉上、善良根植內心、有熱血、有骨氣、明理又堅強的檢察官」；不能給人「目光如豆、心胸狹窄又斤斤計較」的印象，還有「掌權者不安，全城居民難安」等，令許多檢察官均無言以對的「道德倫理演說」。

接著，檢察長開始回想當年，談自己是澎湖人，過年返鄉機票難訂，過去擔任基層檢察官時「位卑職低」的值班經驗，讓現場的檢察官們錯愕。原來，在檢察長眼中，基層檢察官是「位卑職低」的工作。最後，檢察長要大家「往事甭提起」、「學會承擔，全世界都會為你讓路」。

15 編注：根據新北地檢署各科室介紹檢察官室之說明，檢察官之上有主任檢察官，負責「綜理該組事務之監督、該組檢察官承辦案件、行政文稿之審核或決行，並就該組檢察官及其他職員之工作、操行、學識、才能之考核與獎懲進行擬議；另亦負責人民陳情案件之調查、擬議及法律問題之研究等相關事項」；主任檢察官之上有襄閱主任檢察官，「負責襄助檢察長處理全署事務」；襄閱主任檢察官之上有檢察長，「依法綜理全署事務」。可參閱圖解（一）。

整篇八股稿子中，唯一和值班事務分配沾得上邊的，只有講述值星主任檢察官與值班檢察官關係的部分。檢察長主張主任檢察官不應該值班的理由是，檢察官值班、值星主任檢察官負責「督導」檢察官，所以主任檢察官不需要加入值班的行列。然而，聽在富有基層實務經驗的多數檢察官耳裡，檢察長的理由與實務面不符，實在欠缺說服力。

檢察長又繼續「諄諄教誨」在場的檢察官：「投票讓主任輪值是不尊重、不尊敬、不信任、不會增加彼此的情誼」、「給人愛計較、你爭我奪的印象」。他不但不了解多數檢察官離席抗議他獨裁作為的用意，事後還挖苦該地檢署「偉大到不行」。

事實上，爭議上層檢察官到底該不該和基層檢察官一起辦案，最後落得檢察長一人獨裁推翻檢察官會議決議的事件，這並不是第一件，在南臺灣的某地檢署也發生過類似的事件。

二〇一七年，南部某檢察官會議決議檢察長除了綜理署內行政事務，「應分案偵辦無人犯在押之重大危害治安案件」，辦完一件後，再續分同類型案件一件——要求檢察長下來辦案，且只要辦一件而已，檢察長免輪分一般偵查案件，也免輪值所有內外勤值班。相較一般基層檢察官每月分案數十甚至上百件，其實檢察長辦案的象徵意義大於實質意義，但卻遭到檢察長否決。

親檢察長派的檢察官更語出驚人，認為此決議要求檢察長辦「一件」案件根本是「羞辱檢察長」，言下之意似乎指「辦案是羞辱」。這樣的言論引發圈內議論，不少每天都在辦案的基層檢察官因此覺得「備受羞辱」。

否決此決議的檢察長接受媒體訪問時，表示自己動用否決權的理由，是：「因為這麼做下去，臺灣的檢察體系可能會崩盤！」這說法更加讓人一頭霧水，因為檢察長親自辦案不會導致檢察體系崩盤，像這起事件這樣，因為扭曲的升官圖引發的亂象叢生才會。

無獨有偶，也有其他地檢署的主任檢察官在某次主任檢察官會議，提到願意一起參與週末或春節值班，結果遭其他主任反對，理由是：「不要啦，學長，我們已經這麼久沒值班了，會出事。」請問，我們要這些「值班就會出事」的主任檢察官做什麼？

且讓我們仔細想一想：主任檢察官、檢察長、高檢署檢察官都是檢察官，如果長年不好好辦案，甚至忙著泡茶、應酬，與如今檢察業務的現實脫節，哪來的能力進行指揮監督、事務移轉等工作呢？

久不辦案，到底會有什麼問題？前文提到的那位很懂「忠孝」的檢察長，就是個很好的負面案例。他近年有一項引發基層檢察官們搖頭不已的經典指令：要求該地檢署檢察官外勤相驗時，對大體鞠躬。

只要有第一線相驗經驗的檢察官、法醫、司法警察，都知道外勤值班有多忙碌，要應付多少突發狀況；也很清楚在相驗現場，為了程序的順利、避免家屬過度傷心，通常僅讓家屬確認死者身分後，即請家屬離開現場。更別說相驗時，現場只有檢察官、法醫、司法警察（某些地檢署書記官亦須在場），而且這絕非作秀舞臺。請問大家，在這樣的情況下對著遺體鞠躬，真的有必要嗎？

這位檢察長正事不做，卻把公關那套拿來要求在第一線忙著調查死亡原因與死亡方式的基層檢察官們，意圖要大家跟著他一起「作秀」。但很遺憾的是，因為他久不辦案，不知道相驗時基於偵查不公開，根本不會有家屬、被告、不相干的記者等人在場，對著遺體鞠躬完全無法達到他想要的感人效果，實在令人啞然失笑。

曾有一位檢察長告訴我：

> 我們檢察長群組有討論過，認為「檢察長本來就不是一般的檢察官」，跟法院院長（要辦案）之於法院不一樣，所以檢察長不用跟法院院長一樣辦案。

這段話，我始終聽不懂，也看不明白。

這些長期不辦案的檢察長可能忘了，他要先是檢察官，才是檢察長。也許因為位高權重，他早就忘了自己也是個檢察官了吧。

高層就是愛作秀

平時檢察體系向法務部要人沒人、要錢沒錢，處於巧婦難為無米之炊的窘境，這是司法實務甚至律師圈周知的事實。不過，每次選舉前夕，法務部就會「從冬眠中甦醒」，突然變得非常有錢，開始拍片、開記者會，抬出各類標榜「雲端反賄」、「科技查賄」的宣傳，把基層檢察官們平時兢兢業業的工作表現，端出來當成政務官員「施政表現」的牛肉，在民眾面前展開一場華而不實的宣示。平常對於資源問題竭盡所能裝死的他們，也只有這時才會突然想到要為大家「展示」更多偵查資源。

過去某任法務部長來我所服務的轄區視察。和部長吃飯的席間，他（意思意思的）問我們需要什麼，檢察長暗示我可以跟部長提出經費方面的建議，而當時一派天真的我還真的（不識相的）在觥籌交錯之際，開始談檢察業務有哪些地方應該改革，特別是執行科關於禁戒處分與醫院合作的理想，以及找到醫院願意協助我們。

「現在萬事俱備，只差經費。」

聽到我這麼說，飯桌邊某位二審檢察長等級的檢方高層先是一愣：「我記得高檢署有蓋過核准經費的章。」我提醒他：「那是監護處分，至於禁戒處分目前沒有經費。」該高層竟然問：「監護處分（刑法第八十七條）[16]和禁戒處分（刑法第八十九條）[17]有什麼不同嗎？」

有什麼不同？前者是因為精神疾患而犯罪，足認有再犯或有危害公共安全之虞時，令入相當處所，施以監護；後者則是因酗酒而犯罪，足認他的酒癮可能導致有再犯的危險，令入相當處所戒酒。二者法條不同、要件不同、目的不同，是完全不同的制度，如果他的刑法總則教授聽到這個問題，應該會愴然涕下吧。回憶到此，實在不由得要提出這個當時大家過於愕然而來不及思考的問題：我們要一個連監護處分和禁戒處分定義都分不清楚的二審檢察長，做什麼呢？

法務部長馬上接話：「要什麼都可以談，唯獨錢是萬萬不可能。」忍無可忍，無須再忍，我立刻反問：「那請問部長，您還能給我們什麼？」

那場宴會對我而言並不愉快。除了高層令人無言，在我談到刑罰執行與獄政問題時，還有一位在法務部長面前不斷耍寶、自稱「靠喝酒和臉蛋來應付立法委員」的獄政官員，當眾發表充滿性別與年齡歧視的言論，說我「就是個不懂實務小妹妹」（後來我和同事們聊到此事，猜測他應該是在怪我「不識時務」吧）。

結果可想而知，在這種情況下，所有認真嚴肅的討論，最後全都在尷尬的哈哈聲中被悉數帶過。

檢察官做的是法條規定的法定工作，但是單憑在體系內溫良恭儉讓的溝通，上級並不會理睬，因為他們太「資淺」了，如果沒有媒體焦點、沒有作秀舞臺，就容易被政府高層忽視。就這樣，檢察體系愈來愈沒有錢與資源來執行、實務與法律理論也更漸行漸遠。

「人」才是根本

過去在討論司法品質改善問題時，人們常常聚焦在人力不足，但實際上真正的問題未必是「人數」夠不夠，而在於是否存有「冗員」、是否有善盡教育訓練、完整

---

16 因第十九條第一項之原因而不罰者，其情狀足認有再犯或有危害公共安全之虞時，令入相當處所，施以監護。

17 因酗酒而犯罪，足認其已酗酒成癮並有再犯之虞者，於刑之執行前，令入相當處所，施以禁戒。

SOP。這些涉及了公務人員淘汰、是否知人善任、是否有遵法意識以及責任心之問題。

以我過去在新北地檢署的經驗：行政疏漏過多，例如眾所周知的分案室亂象、收發問題、紀錄科影卷與掃描人力問題、法警勤惰顯然不公平等，時常嚴重影響地檢署核心業務。此外還有勞逸不均，導致能者多勞、廢者恆閒。這些積弊已深的行政人力調配問題，根源在於由上而下的偏差觀念與扭曲文化，雖然問題的源頭人盡皆知，然而卻基於「官場上的人情考量」無人解決。

公務體系肯定會有推事的「老鼠屎」。推事的結果便是，擔負起龐大的工作與壓力的，永遠都是一群認真的菜鳥。這些「老鼠屎」時不時還會出現在公眾視野製造災難，被民眾投訴、上新聞，加上特殊的媒體運作以及仇恨言論，長期累積下來使得民眾對公務機關誤會甚深，又欠缺了解，此時加點油、添點醋，再放一把番仔火，仇視公務人員、仇視司法的大火，就這麼在這個社會上燒起來了。

勇敢承認這些現象，不論是對過去曾身為這體系的一分子的我，還是對現在仍在其中打拚的前戰友們來說都極其痛苦，但我們難道就這樣不去正視、反思、改變嗎？

「鄉愿，德之賊也」彷彿是預言，預言了這個社會數千年來的問題。

上位者該如何克服不喜歡聽到批評的人性心理，存有雅量、廣納意見，以單純為司法努力的心態，不怕得罪惡勢力、不以升官為主要目的，而勇於改革、不以人廢言？要如何才能理解，只有內部真誠而無私不計個人利益的改革，才能扭轉整體形象，改善司法品質？

基層該如何克服怕事、怕得罪人的心理，以最真誠的方式開誠布公舉出具體實例說真話，而非背後耳語；要如何才能不要再平常一句話都不敢吭，或做逢迎拍馬竭盡巴結之能事，導致體系內真實亂象無法上達，卻偏偏把某些單純的分工問題或誤會搞成天大的事件，流彈亂射；要怎樣才能不再在可以匿名的地方，例如檢察官論壇、某些「靠北」粉專，以宣洩情緒的方式恣意謾罵、寫黑函，好像說話不必負責似的？

這些都是問題。存在已久、亟待解決。

任何體系都有良幣和劣幣，在公務體系更明顯。我們真正該思考的，是如何務實的改善制度、汰除真正的劣幣、避免劣幣驅良幣，而不是亂開地圖砲，打不到問題核心、戳不到痛處，導致體系內有心改變者澈底絕望。

第二部

崩潰中的警察體系

第六章 群鴿亂舞

偵查檢察官的案件來源，以司法警察移送的案件為大宗（除了民眾到警察局報案的案件外，也包含警方主動挖掘的案件源）；其次是民眾到地檢署提出申告（包含濫告）；再次之則為檢察官自動檢舉案件、上級檢察機關交辦或發回、其他來源等。

除了前文提及的，民眾因為欠缺正確的法律常識、貪圖「看似免費」的偵查資源，硬是將民事案件當成刑事案件來告，或是出於理盲而不講道理的濫訴等問題會癱瘓偵查以外，警方為了績效、破案率、透過媒體作秀而硬生生「製造」的案件所造成的困擾也不遑多讓。

我就曾在處理一件恐嚇案件時，面臨告訴人當庭跳起來抗議：「檢察官，在庭的這位被告不是打恐嚇電話給我的人，我有跟警察說了！」被告也抗議：「檢察官，我有跟警察說我的手機被人拿走，對方也說他要告的不是我，為什麼我是被告？」

此外，也有明知監視器裡的竊盜行為人長得跟被告一點也不像、顯然並非當事人，警察還硬是移送，還有查不到詐騙行為人，就乾脆將被駭客入侵的那間公司的資訊系統工程師列為詐欺被告。為什麼會有這種荒謬事？因為分局查不到真正犯罪的人是誰，又迫於某些壓力，便把無辜的人送進了地檢署當交替。

類似的案件層出不窮，多到檢察官們都快失去新鮮感了。例如：告訴人與證人指認肇事逃逸的犯罪行為人是男性，但警察移送的被告卻是女的；移送書裡寫本案「調閱監視器破獲」，但卷宗附的卻是一張「空白光碟」，書記官打電話到報告分局詢問，對方卻天兵回報：「檔案被覆蓋，滅失了！」不只如此，甚至連《刑事訴訟法》明文規定應該全程錄音或錄影的警詢檔案都可以滅失。

檢察官面對這些無可奈何的情況，就算正式發函到分局、副本轉知督察室處理，通常最多也只會收到：「承辦人〇〇〇予以申誡／口頭警告」的答覆，然而像這樣證據被警察機關「毀滅」的案件，往往早已回天乏術，得不到在司法體系裡應有的對待。

會落得如此結果的癥結點在於，警政機關為了應付媒體，想塑造很有效率的假象，過度「求快」、「求曝光」的結果便是無法精緻辦案，除了搞砸案件之外，還有造假的問題。「某些長官在沒有充分的犯罪證據的情況下，告訴基層調閱鄰近監視器看有沒有轄內前科犯經過，『技巧性』讓他承認就好。反正只要有人可以送，當作有破案就好，是不是真的犯罪行為人、還是只是替罪羔羊都不重要」，這是基層員警熟知，拿來應付「破案率」的技巧，也是地檢署收到不少「被告不是真正犯罪行為人」荒謬案件的主因，尤以竊盜、毀損、傷害案件最多。

此外，在各種「專案」期間，地檢署還會收到大量顯然不構成犯罪，但為了衝高績效報表而硬移送的案子。不只偵查隊、派出所要衝績效，連不諳刑事犯罪偵查的「行政組」等單位也跑出來插一腳，「群鴿亂舞」之下，就連打扮清涼、穿著小可愛的女子照片都可以被當成「猥褻物品」呈報，還有大量不區分狀況，一律將「選物販賣機」（夾娃娃機）當成賭博案件移送的荒唐狀況。[1]

案件是不是「專案」的重點，也會影響承辦員警的心態。過去我接手一件某分局報指揮、前手檢察官聲請羈押並獲准、數名被告在押的案件時，就算這個案子和槍械有關，但由於該案並不是發生在評比「打鐵」（查槍）、「掃黑」（查組織犯罪）期間，對專案績效分數沒有太大意義，該分局報指揮並抓到被告，將人犯解送到地檢署、檢察官聲押後，便拍拍屁股撒手不管。後來承辦人調動，這個案子的警方卷宗竟然還全部不翼而飛，直到檢察官聯繫該分局，大夥才如夢初醒，驚覺出現重大失誤。

這件案件「錯」在發生的時間，被告「錯」在不該在非掃黑、非打鐵的專案期間開槍。在非「專案」期間產生的案件，對警察機關某些責任感較低的人而言，只要找到被告、移送、向媒體交差了事就好了，而且只要辦理移送就可以賺到分數，至於證據是否充分、是否到達起訴門檻、是否有人被冤枉了，並非績效評比的重點，要他們放在心上實在是件難事。

因為肩扛績效壓力，被迫一定要在專案期間內「做出成績」，在理論上主要工作是行政警察角色的派出所員警，只好忙著線上無票抓人，角色、職責混亂，不只如此，三不五時還有一些對刑事偵查不具專業的內勤單位跳出來作亂，視偵查隊若無物，透過「上級」施壓偵查隊辦理移送，導致偵查隊被員警戲稱為「移送隊」，在一堆繁複的公文中坐困愁城，地檢署則被一堆蒐證不完備、程序有疑義的案件癱瘓，檢察官忙著不起訴處分。

想抗議嗎？檢察官發函到警局要求補正證據與精緻調查的結果，往往是得到「這

1 某些主管機關與警察機關認為：「改裝後的選物販賣機，藉由加裝彈跳臺、加高取物口的方式，讓顧客可以有機會『以小博大』獲得商品，便有賭博罪的嫌疑。」（參閱臺北市商業處關於自助選物販賣機的說明：https://www.tcooc.gov.taipei/cp.aspx?n=619F9F115A9BFFEA）然而在對於賭博罪的法律解釋、事實認定的司法實務上，並非如同上開行政機關所說的「這麼容易就有犯罪嫌疑」，因為違反行政規定不等於就有賭博的犯意和犯行，面對此類大量的移送案件，檢察實務上通常都認定不成立犯罪而予以不起訴處分。

是沒有意義的事情，快速結案才是正軌」的私下耳語，勸告檢察官「乖一點」、「不要破壞檢警關係」。面對如此龐大的分數要求、專案績效、功獎至上的壓迫，不得不長得愈來愈歪斜的警察體系，也許正面臨空前的危機。

鴿就是鴿，不要叫我進化

警察在實務上為了專案績效鋌而走險、不顧正確程序辦案的事時有所聞，然而根本的問題，就我過去聽聞、看到的來說，也許從訓練警察的基礎教育就開始了。

許多第一線執法的基層員警時常抱怨：「學校訓練不足」、「學校訓練根本不重視法規在實務上的正確解釋與運用」、「學校教的，出來從事實務工作，發現用得上的不到十%」、「因為學校什麼都沒教，所以顯得警察太重視On Job Train，什麼事都要等到遇到了、有人教才知道要怎麼做。實際上就是放剛滿二十歲的年輕人出去冒險」，或者「法律面都是死板板的背書，但是沒有實務上法律運用的傳授；技術上的體技很多都在套招」。

除了法律面與技術面的訓練亟待加強外，部分員警在態度上也有自我專業認知的問題。許多員警承辦案件出現重大紕漏，被司法人員或上級長官發現程序有違失甚至重大違法時，往往抗辯自己「不熟《刑事訴訟法》與警察法規」、「如果一切都依法就無法達成績效要求」、「為了（自以為是的）『正義』所以違法」。這代表什麼呢？代表我們的執法人員視法律若無物，對法律欠缺尊重。

這現象著實讓人愕然，因為執法人員最基本、也最該依循的就是法律，如果連他們都認為不需依法執法、法律在某些情況下「僅供參考」，那麼法律到底是定來做什麼的呢？當執法者不依法行事時，又要如何說服人民守法？也無怪乎這個社會上有那麼多人會任性依照本能行事，把明文規定的法律丟在一旁，甚至視法律為敵人。

這樣基礎不穩固、專業不被尊重的環境，導致基層員警常說「實務上情況緊急，哪能應變」、「太緊張了，所以沒注意到當時狀況」，就連「證據為何不見」的問題都以「事情太多、我是新人、忘記了」作為理由。

我剛分發初任檢察官時，曾發現一個案件證據檔案被覆蓋、卷內光碟是一片「空白光碟」，也沒有被告警詢錄音、錄影光碟，現場圖東西南北還是反的。詢問承辦人員究竟為何沒有警詢錄音檔案？怎麼會搞成這樣？他的回答是：「我剛分發，忘記存檔了。」再進一步問他現場圖的方位為什麼會是反的？他則答：「我還是新人，這件案件忙中有錯，學長沒有幫我檢查，對不起。」以為一切已經不可能再扯之下，我再問他，光碟怎麼會是空白的呀？他老兄很無辜地回：「我也不知道。」

這位員警自稱剛分發一年，是新人，錯都錯在別人、都是學長沒有檢查害的、所有與案件有關的問題也一問三不知。我只好沒好氣地又問這位「新人」：「依照你的邏輯，我也是剛分發，還比你資淺，我也是新人，鄉民說我是奶嘴檢仔，一堆警察偷偷叫我『妹仔』。面對證據不見的問題，我也可以找學長幫我處理嗎？」

類似上述的「新人抗辯」三不五時就會發生，檢察官往往接起電話，另一頭傳來的都是：「對不起，檢座，我剛分發，所以不會做」；就連偵查隊隊長、小隊長，都會以「承辦人剛分發一年多，所以忘記證據保全」作為搞砸案件的理由。久而久之，許多檢察官不得不「習慣成自然」。

當然，我們可以理解新人不熟悉工作。但問題在於，要是各行各業都隨便用「新人」當作胡搞瞎搞的理由，這個社會一定會大亂吧。「我是新人所以不知該怎麼做」這樣的說法，對許多專門行業的人來說，例如醫生、護理師、消防員、機師（機組人員）、船長（員）、會計師、記帳士，或是各部門的執法人員等，其實很難堂而皇之說出口。因為大家都知道，身為「新人」就應該好好學習如何把事情做好，而不是把「新人」當作可以出錯的藉口，也因此沒有多少民眾會同情這些「剛分發」的員警。

為什麼某些員警還把這種話講得這麼理所當然、振振有詞？因為很遺憾地，如前文提及的，他們恐怕不具專業能力的使命感，也不尊重自己的職業。也有人總是為自己找藉口，比如怪檢察官說：「如果我有你們會讀書，我就是檢察官了，哪會在這裡當警察。」身為一名警察，為什麼他會毫無榮譽感，為什麼會這麼看不起自己？顯然在最基本之處就已經有了偏差。

在這樣的情況下，也不乏有員警毫無廉恥心、堂而皇之地違法。例如新聞曾報導的兩個桃園保安警察大隊違法搜索的案例，[2]雖分別在不同的時間，由不同的員警負責，違法搜索的手法卻幾乎如出一轍：以交通稽查作為理由盤查被告，數名員警卻在無搜索票的情況下團團圍住被告，又在違反被告意願的情況下，大肆搜索對方的車輛、錢包，並以違法搜索取得的毒品殘渣袋作為逮捕的依據。

這兩個案子在警界廣為流傳。當事員警其實知道自己的行為是違法搜索，他們用「難以明言」的各種直接或間接威逼被告方式，逼迫被告「事後補簽」同意搜索書。在遭警方大肆搜索的過程中，被告不斷質疑警方行為的合法性，被警方逮捕回警局後拒絕簽同意搜索書，員警卻告訴被告：「若不簽，老婆小孩不能回去！」逼被告同意

2 參見桃園地院一〇九年度審訴緝字第五號、一〇八年審訴字第三九六號刑事判決。進一步討論與案例分析請見：〈「有毒」的毒品查緝政策（一）：績效催生警方違法惡習〉，鳴人堂，二〇二〇年七月十五日：https://opinion.udn.com/opinion/story/12626/4703329。

搜索。這種做法嚴重侵害人民的人身自由、隱私權等基本權，甚至還牽連無辜的家人。

後來這兩案都上了法庭。審理其中一案時，法官訊問案發時違法搜索的其中一位員警，該員警坦承自己是警專畢業，在校期間曾修讀《刑事訴訟法》及《警察職權行使法》等課程，在查緝當下確實知道自己依法「沒有」搜索的依據。

於是法官很直白的訊問該名員警：「你們這個就是不去理會學校教的正確方式，跟著學長亂搞、便宜行事，反正很少嫌疑人或被告敢質疑警察的作為，養成你們肆無忌憚、恣意妄為，不顧程序正義的做法及心態，還可自我麻痺、自我催眠，說誤認檢查、檢視等同於搜索？」沒想到員警竟然十分乾脆地回答：「如法官所述，我畢業之後就沒有精進法律的認知。」實在令人想扶額流淚。

讓人想哭的，除了該名員警在說自己身為執法人員卻不精進法律這件事上坦然不羞赧，還有他過去作為執法人員預備軍，在學校裡的確有學到關於違法搜索的知識，知道正確的程序為何，卻在成為了真正的執法人員後知法犯法。這不禁讓人想問：到底要身處在怎樣的醬缸環境，才能讓他拋棄專業訓練，認定做錯的事才是「對」的？

歪鴿是怎麼歪的？

實務上員警之所以鋌而走險、違反正常法律程序的主要原因，除了被專案績效、上級要求壓得喘不過氣以外，也有一部分的因素是想要用最方便的方式「有效率」的追求績效，於是選擇接受了某些不肖學長的「口耳相傳」，以自身的（非法）職權嚇唬民眾。

以另一件因違法搜索經法院認定嚴重違法而證據排除判決無罪的案件為例，[3]被告I於審判中陳述，他是以「竊盜」案被拘提到警局，而員警在警局內突然要求他「同意搜索」自己的租屋處，他不願配合，警察便說要「建請檢察官羈押」他，並再辦他一條妨害公務，還謊稱拘票「附帶搜索的效力」。最後他們不顧I的反對硬拉著他到租屋處搜索，在大肆搜索達到目的後，I才在警方的威逼下「補簽」了一張同意搜索書。然而，警方在沒有搜索票、違反I的意願下搜到的物品，並非警方向檢察官聲請「竊盜案」拘票的財產犯罪證據，而是毒品殘渣袋。顯然，警方是醉翁之意不

3 桃園地方法院一〇七年簡上字第五四七號刑事判決。進一步討論與案例分析請見：〈「有毒」的毒品查緝政策（二）：放聲「出去讓你死」的警察〉，鳴人堂，二〇二〇年七月二十一日：https://opinion.udn.com/opinion/story/12626/4715975。

在酒。

法院勘驗警方密錄檔案，發現該分局在搜索被告I的租屋處之前，已經先行搜索I的車輛。在搜索被告車輛時，I即一再表達自己不願意和員警一起去租屋處，員警卻還是在I拒絕、沒有搜索票的情形下，到他的租屋處搜索。

法院勘驗的譯文中，警方甚至還出現這樣的恫嚇內容：

……我要電你我也會電得光明正大，要讓你痛苦我只要放聲出去，一群人就讓你死了。

……還是去你家找你媽？應該不需要做到這樣子吧。

I聽到警察這麼說，只得訥訥回答：「知道了。」

警察到底有什麼權力「放話出去讓被告死」？又要「放話」給誰？這段話背後透露的，讓人不由得猜想，難道說公權力背後還存有不當的陰暗面嗎？不要說I，身為法治國家國民的我們，都該感到不寒而慄。

像這類的違法搜索最常見於毒品案，除了違法搜索以外，違法逮捕、違法驗尿是為大宗。[4]

對於這些程序違法的案件，員警們都怎麼說呢？拿近年來一件無搜索票卻強闖民宅執行搜索[5]的派出所帶隊主管J來說吧，他就在審判中做出矛盾的證述，首先是查緝時現場「查獲使用過的吸食器」但無法確定是誰的，接著在現場前科查詢時發現在場人士「都有吸毒前科，所以請他們回派出所了解」，但在場的人皆不願意配合，J表示由於他們不配合，便「認定他們是毒品的現行犯與準現行犯」並且把在場的所有人通通「強制帶回去」。

J雖然是派出所帶隊主管，但其實也許不是很清楚當下「帶回派出所」在法律上是什麼意思。他首先以「他們都有吸毒的前科」為理由，表示自己「請他們回派出所了解」，這看起來似乎是很客氣的「通知到案」，但在當場四人均表示拒絕配合後，J就強制把人都帶回派出所了。然而，一個人擁有前科，並不是當下判斷他是不是現行犯的標準啊。

僅因嫌疑人不配合回派出所接受調查，竟強制將在場所有人帶返派出所，雖然沒

4 進一步討論與案例分析請見：〈「有毒」的毒品查緝政策（三）：強闖民宅違法抓人三部曲〉，鳴人堂，二〇二〇年八月五日：https://opinion.udn.com/opinion/story/12626/4756802。

5 桃園地方法院一〇七年審易字第二八一四號刑事判決、臺灣高等法院一〇八年上易字第二四六四號刑事判決。

上手銬、腳鐐，但這樣的行為，顯然已經拘束嫌疑人人身自由，是違法逮捕了。這樣也就算了，J把人帶回派出所後，還表示若不配合驗尿就不放行，甚至說要把嫌疑人全都送去法院，問題是，依法，警察根本沒有這麼大的權力。

對於「警察明知違法而為之」，可能有人會困惑：明明知道是違法，而且以此類故意的嚴重違法手段取得的證據，在《刑事訴訟法》的權衡下，即便是重要的關鍵證據也不得當作審判根據，這就是所謂的「證據排除法則」。[6]法院在沒有合法證據可以證明被告有罪之下，只能依法無罪判決，從結果來看等於是警方白忙一場，既然如此，怎麼會有公務員甘冒這種違法又做白工的風險呢？

答案就在於我們現行的查緝政策與警政實務上，有其他比法律成本更高的誘因——專案績效以及功獎。這些誘因遠大於被抓到違法的法律風險，甚至讓員警對於「證據排除導致無罪判決」感到「無所謂」，反而前仆後繼地鋌而走險。在績效制度的壓力與功獎和升官的利誘下，他們篤定「檢察官查不到」，檢方則因被大量案件癱瘓只好「睜一眼閉一眼」；或者在偵查中疏忽，起訴後就算發現警方偵查程序違法，也會在扭曲的檢警關係下，將錯就錯，「打死不退」、「上訴到底」。

在此般追求績效、分數、功獎、新聞表現的警察體系裡，有許多員警都在要選擇「精緻偵查」還是「績效至上」之間糾結著。有許多人曾被「忍一下三年官，兩年滿」、「不要跟考績過不去」等鄉愿口號洗腦，直到看到學長因追求績效而犯罪被起訴判刑、因為追求績效而把命賠掉，或是眼睜睜看著偵查隊為績效背書，硬是移送明知根本不構成犯罪的案件，開始懷疑自已當刑警的價值，深陷巨大的痛苦。

載浮載沉之中，許多員警本來心中燃燒的偵查魂，在現實的冷水澆淋下，只得無聲熄滅。

6 「證據排除法則」是《刑事訴訟法》中攸關偵查中證據取得並節制執法機關（通常是檢察官與司法警察機關）偵查手段的重要原則，相信不少看過法庭影劇作品的民眾也對此印象深刻。證據排除法則的核心觀念是，將排除違反法定程序所得之證據的證據能力，也就是禁止在審判程序中使用違法取得之證據。這些被排除的證據，不能作為法院認定被告犯罪的證據。某種程度來說，這是對執法機關嚴格的制裁——讓執法機關的違法偵查手段變成「做白工」。透過這種強烈的效果來預防執法機關使用違法手段進行偵查，並藉此保障被告的人權。理論上，證據排除法則也可以減少違法偵查手段對執法人員的誘因，因為一個理性的人會做成本以及效益的分析，如果大費周章的違法偵查，最後取得的證據極可能在審判中被排除，那麼，如果沒有其他比「法律成本」更高的誘因，公務人員是不可能有動機違法的，這也是證據排除法則的設計初衷。

第七章
偉大的專案，盛大的績效

我們在前文多次提到的專案績效，究竟是什麼呢？

雲林地檢署施家榮檢察官曾就此投書批判：

執政者需要一些速食性的政績來鞏固選情，因此難以期待執政者做什麼百年規畫，反而是警方短期專案弄出來的績效，乍看之下屬於客觀數據，又能滿足民眾對於犯罪的厭惡，因此警方的績效會是執政者拚選舉的利器。「上」既有所好，「下」自然只能乖乖遵從了。[7]

專案績效是在警政署或各警察單位自行制定的專案期間的特別績效評比，最常在新聞上出現的專案例如「斬手」（查緝詐欺集團車手）、「打鐵」（查槍）、「掃黑」（查組織犯罪）、「青春」（暑假期間針對少年事件與性犯罪）、「安居」（緝毒）等等，琳琅滿目，令人眼花撩亂。這些有別於一般常態性的績效評比，是在特定期間來個全國或各地警察機關內部的評比。白話來講，就是全國各警察單位的「比賽」，伴隨而來的間接效果是各單位表現良好者有功獎、分數比較差的人可能會有一些不准休假、到門口站崗、被長官「盯」等慘痛下場，而這些「實質上的處罰」，不一定合乎公務人員法規的規定，但問題就在於，實務上就是像上述這樣運作的，而且警方做得理所當然，少有人敢反抗、質疑合法性。

這些「速食性的政績」，正是透過警政機關每年四季不同的「專案」大拜拜來達成。就連監獄裡的受刑人都知道，警察會在什麼時候抓賭博、什麼時候抓毒品、什麼時候掃黃、什麼時候查槍、什麼時候掃黑、什麼時候抓車手，彷彿臺灣的犯罪和農產品一樣有季節性。

我過去就曾在承辦槍砲案件時，發現槍手背後似乎有組織勢力，於是找來承辦分

7〈檢察官施家榮：警方績效制度背後的政治常態〉，蘋果新聞網，二〇一八年八月三十一日：https://tw.appledaily.com/forum/20180831/XQRR4QS3BQJ4O7S32PLRAMOMSE/。

局主管警官等人討論跨轄追查組織勢力的可能性，但我「挑錯時間」了，當時並非警方掃黑專案期間，分局對追查組織犯罪興趣缺缺；這樣也就罷了，某位警官還告訴我「挑錯對象」了：「檢座，不要追了，那個對象吼，妳和我都惹不起。」讓我氣得七竅生煙。

非專案績效期間發生的「正常犯罪」怎麼辦？要嘛得慢慢等，要嘛就是被草草結案，很容易辦得鬆散，監視器畫面可以被「覆蓋」、警詢錄音錄影檔案可以「滅失」、證人可以「失蹤」、現場跡證可以「忘記採證」，而且最後成功起訴的比例極低。

以二〇一七年的「青春專案」為例，新北警看似獲得很好的績效，移送給新北地檢署的案件多達一千多件，成為維護治安的「正義使者」，但有多少國人知道這一千多件案件是什麼樣的案件？又有多少人知道後續發展如何？事實上，這些案件有九成以上獲不起訴處分，而不起訴處分的理由除了「行為不構成犯罪」外，就是「證據不足」。

茫茫的績效海，帶來的是馬不停蹄的解送，地檢署血汗工廠每日都在開工。除了「青春專案」，還有毒品、肅竊、掃黑、查緝槍枝、詐騙集團績效評比。什麼都比，樣樣都比，連各單位的獎牌數量都要比，至於如何指導基層員警進行合乎程序正義的案件調查方式、一個犯罪需要什麼樣的典型證據，好像都不重要，反正案件全部丟給檢察官，分數拿到了再說。

在這樣的情況下，地檢署檢察官雖然在《刑事訴訟法》上叫做「偵查主體」，但如今的實務狀況，其實已經宛若被警政高層指揮，一年四季都在應付警政機關的績效。更令人困擾的是，檢察高層還會和警政高層裡應外合一起作秀，一起催逼專案績效，使得各種專案無限輪迴，才剛應付完「安居緝毒專案」、針對詐騙集團車手的「斬手專案」，接著馬上就要投入針對青少年的「青春專案」，然後再來一次「斬手」、「安居」專案，接著可能又要「掃黑」或「打鐵」，年年如此，樂此不疲。這種要求績效不顧真相的態度，與精緻偵查的目標完全脫離，也讓許多基層員警陷於「要績效還是正義」的道德危機。

我們不能否認，為了督促公部門的效能，必須建立公平的評核機制，鼓勵認真的人得到好的回報、督促懶惰的人至少要達到平均水準。警政機關當然也不例外，需要建構一個公平的考評制度，實質考評承辦員警的蒐證能力、勤奮程度、支援與機動能力以及案件移送品質，讓審慎、有效、積極辦案的員警得到好的成績，得到應有的回報，鼓勵大家一起努力辦案。績效制度的出發點立意良善，但發展到現在卻變得僵化、昧於現實、考評不合理，而員警按照各專案大拜拜排程照表操課，往往只能以消極的敷衍心態對待不在掃蕩表裡的犯罪，也無力精緻調查。

司法與警察圈內多數人其實都知道「衝」出來的「愛與鐵血」，除了造成執法人員本身人身安全的危險與違法風險外，其實對社會治安未必有什麼幫助。短視近利的專案績效、公關單位大張旗鼓的新聞稿，講求的是數字而不是把案件精緻辦好，導致始終對真正的問題源頭束手無策。

到底是在做專案還是集點換贈品？

警察因績效而苦，也因績效而亂，迫於移送壓力導致案件的證據不全或有問題而依法被排除不得在審判中使用，如前文提到的搜索程序不合法之事數不勝數。

曾有在某地方警察局保安大隊服務的員警告訴我：「大家都知道證據排除，問題是，違法的誘因遠遠大於證據排除的法律規定啊！」「而且警方只要移送到檢方，就有核分和績效，誰在乎證據會不會被排除、被告有罪無罪啊？」

每個案件都有「案件分數」和「人犯分數」，警方高層每月、每季看著報表，不講究辦案品質，只用數字來評估基層員警的努力程度。上有政策，下有對策，久而久之，警察在必須要達到目標的要求壓迫下，也想出了不少「騙分數」的花招。

舉例來說，一級毒品的分數是九十分（案件分數七十分＋人犯分數二十分＝九十分），所以當警察抓到一輛藏有毒品、針筒的車，而車內有駕駛、乘客各一人，這時候分數會怎麼算呢？是算案件分數七十分加上真正持有人二十分，總共九十分嗎？因為查到共同持有，最多應該也就再加個二十分吧？

錯了！依照保安大隊員警的說法，他們會盡可能想辦法「拆案」，把上述的案件弄成兩件、兩人，也就是讓被抓獲的駕駛、乘客各自認罪，「一個認針筒，一個認毒品」，如此一來，分數就暴增成一百八十分了。至於移送到地檢署後，當事人各自否認、案件開花[8]或證據不足怎麼辦？對警方而言，有移送就有分。後續案件成敗與否、能否起訴或判決有罪、追求正義，都跟升官和功獎無關，想來要有人在乎都難。

不只毒品案件而已，槍枝、汽機車竊盜等等的案件也都有「配分」。為什麼大家都這麼想要分數呢？因為那和年終考績有關。每年年底，警方都會做一個大排名，看按比例換算第幾名以前考績可以打甲等。此外，每季倒數排名的基層員警，要負責去大門「站崗」，還可能會影響到休假權利。誰想考績打乙等、被處罰當門神、休假變

8 案件出現了超出意料的發展，或是出現「案外案」。有時則是案件搞砸，例如警方搞錯對象、真正的犯罪嫌疑人另有其人，或是檢舉人和警方一起誤會一場……。

少呢？沒人想被減薪、減福利，或被同仁訕笑，只好卯起來用各種方式達標，甚至不惜違法失職、違背專業倫理。

「以上，就是保大每天都在上演違法搜索的根源。」曾有員警苦笑地這麼說過。他的這句話裡，埋藏了多少深深的無奈。

讓我們以毒品查緝專案期間檢察官觀察到的實況，來看這一切究竟有多讓人無力吧。當上層務求「肅清」轄內所有毒品人口，大規模的盤查與臨檢勤務時代來臨時，內勤值班的檢察官便可以很明顯地察覺，自己一整天下來經手的幾乎全部都是毒品案件，酒駕、竊盜、傷害等平時常見的案件竟只剩下小貓兩三隻，這正是因為所有警察都將矛頭指向查緝毒品，無力查緝其他的犯罪類型。警力有限，這是鐵錚錚的現實，當警方的力量被要求來達成某些特定目標時，當然難以兼顧其他。

推動緝毒專案本來的理想很高遠，希望透過社區施用毒品人口來往上找出毒品來源，追本溯源的找到真正的中盤與大盤販毒人口。但在已經扭曲的各項績效評比、開會檢討、加上查獲一件毒品就有嘉獎三支的誘因下，真實運作的結果早已與理想背道而馳。

就讓我們來看，專案期間內勤檢察官一天之中看到最多的是什麼——殘渣袋！滿滿毒品的殘渣袋！進一步探問毒品上游在哪裡？各單位的警詢筆錄就像是說好了一樣，宛若完美的複製貼上劇情：被告都是和真實姓名、年籍不詳、綽號「阿×」、「小〇」的人以兩千到三千元的代價購買毒品一小包。如何和這些「阿×」、「小〇」購買毒品呢？警方送來的答案充滿了超越經驗的創意：「走在路上剛好遇到不認識的『阿×』賣給我的」、「在跳蚤市場買的」、「毒品都是和『小〇』買的，但是不知道他是誰，也不知道如何聯絡」。

此外，有許多被告走在路上會隨身攜帶數個吸食器。不知道一個人帶那麼多吸食器要做什麼？又不能拿來射飛鏢、裝飲料，大概帶供警察刮取粉末送鑑定用吧。不只如此，這些被告身上的那包殘渣袋都是這幾天施用剩下的，施用地點竟然還是在公園、馬路邊等公共場所，有可能嗎？當檢察官問他們：「你這樣一直施用毒品，我該拿你怎麼辦好呢？」被告常常會驚覺大事不妙，改口說其實是自己跑去警察局「自首」交出殘渣袋的。

以上的狀況，內行人一看就能會心一笑，因為這是再正常也不過的情況。本來我們期待的是透過這些人口找到販毒的上游；然而，真實的情況是檢察官無從在卷宗裡找到上游的蛛絲馬跡，警察也沒有在第一時間保全其他客觀證據。畢竟重點是拿到績效分數，透過盤查抓毒品被告衝績效的速度，遠比用盡心力追上游還要輕鬆方便。

這類以殘渣袋衝績效的運作有幾套固定模式。警察會密集盤查所謂「形跡可疑」

的民眾，查對身分發現是毒品人口後，運用一些讓對方心虛或害怕的心理技巧使對方「同意搜索」，接著在口袋裡、身上、車上搜到殘渣袋。另一種比較有爭議的，則是事先和轄內某些毒品人口講好，請他們輪流來「自首」，幫助警察衝績效。反正施用或持有毒品刑度不重，前幾次的刑度又可以易科罰金，對於被告來說，自我犧牲幾次，就能換取「長治久安」的毒品人生，怎麼看怎麼划算。

除了上述兩種，還有更有「效率」但踩在違法紅線上的衝績效方式。有些警察事先會養線民，而這些線民本身就是施用毒品人口甚至是小型毒販，他們與警察合作，好處是某種程度上可以規避查緝。他們會以各種檯面上、檯面下的方式向警察「報線」，如果只是單純報線的情資蒐報還無可厚非，但這些線民往往會出賣，甚至是陷害朋友，遊走在違法邊緣；例如故意將毒品殘渣袋丟在朋友家裡「栽毒」，再通報警察去進行「同意搜索」。

查獲殘渣袋可以拿到績效，查到「人頭」也可以拿到績效，於是，想盡一切辦法讓被告「同意搜索」住宅，在垃圾桶裡找到殘渣袋，就可以把在現場所有的主人、客人全部逮捕，一口氣解送一堆被告到地檢署。警察拿到了績效後，拍拍屁股走人，接下來內勤檢察官就得一個人連續訊問數個被告，問完後發現情況不對勁，只好把所有被告送回家，然後認命地寫不起訴處分書。這樣一連串的運作下來，除了殘渣袋以外，檢察官只看到一群社會底層的施用毒品人口或是被栽贓的無辜之人，也不知道有沒有共犯，更看不到毒品上游在哪裡。

事實上，基層警察在衝績效之下，人人都想著盤查抓持有毒品就好，有誰會想要進一步分析上游呢？原本主要目的是要查緝毒品上游的專案，就這樣偏離主要目標，被達成績效的甜頭拉得倒果為因。

再以前文提到的保安大隊為例，該大隊內有數個小隊，每個小隊除了小隊長外，每位隊員都有分數壓力，因此每個小隊都會在巡邏時拚命「盤查」，不思考法律依據、懷疑依據，理所當然的要求當事人「被」同意搜索。這在知法理性的公務人員眼中，是一點也不理所當然的，但迫於壓力，卻也行之已久。

曾有保安大隊的基層員警，就此向我吐露內心的糾結，說自己：「沾染了幾年的醬缸陋習與違法搜索的『習慣』，直到我因為一件徹頭徹尾不合法的案件，發覺同事間竟覺得這理所當然，進而感到驚恐……。」然而可以想見的是，即便他覺醒了，發現自己的做法錯得離譜，想要改變了，但那又如何呢？他身邊的人會跟著覺醒嗎？環境會因此變好嗎？整個體系，會因此改變嗎？很無奈地，這位基層員警很有可能只能摸摸鼻子，繼續在鋼索上如臨深淵、如履薄冰。

更有不少員警就此表示心聲：「原本守規矩的人，看到違法搜索的人反而記嘉獎、獲頒獎、考績甲等，就算最後因為證據排除而不起訴或無罪，那些違法的員警也不會怎樣，而且搞不好還升官。而守規矩的結果是被檢討、被責備、考績乙等，被問：『你到底在堅持什麼』，都不知道怎麼回答了。」

事實上，各分局外勤單位都有不少「績效戰神」，他們每年嘉獎好幾百支、擁有源源不絕的「線報」，走到哪都可以「線上立破」。儘管執法程序爭議頻仍、「製造」讓偵查隊、地檢署檢察官頭疼的案件，然而警方高層在乎的並非程序正義，而是下屬能否幫助他們製造大量績效，好上新聞爭取曝光，如此一來官場才能一路春風得意。至於下屬是否以遊走法律邊緣、甚至以觸法的方式辦案，他們似乎不怎麼上心。反正這些警官並沒有符合刑法共同正犯、教唆或幫助犯定義的行為，或者有自信檢調機關無法查到他們「在刑法上」共犯或教唆、幫助的證據。

上有所好，下必甚焉。在這樣「績效至上」的文化下，當然會有中高階警官假裝忘記自己負有維護法治國使命的任務，不但不指出這些「績效戰神」下屬的過錯，反而重用他們，回過頭去責罵、苛求兢兢業業、踏實辦案、不炒短線拚績效的員警，甚至在排班與休假上予以刁難。

上層喜好如此，自然有不少基層員警投其所好，在功獎的利誘之下，加上績效表現不好恐被懲處的心理壓力，內心的惡魔戰勝理智，前仆後繼的走上這條盲目追逐分數的危險鋼索，例如以各種與毒品人口「利益交換」的方式辦案，或是手上並無法官令狀但總是特別大聲，以近乎脅迫的方式逼迫人民「同意」搜索，甚至還在沒有拘票的情況下包圍民眾家門口，用各種話術要民眾出來面對，接著一行人浩浩蕩蕩，穿制服或刑警背心員警「陪」著當事人在媒體前宛如走紅毯般地進入警局，讓媒體拍攝，說這叫「強勢執法」，大開「破案記者會」。緊接著，各警局、「××警好讚」等粉絲團開始公器私用，大肆宣傳自己人有多勇猛，如此一條龍式的自產自銷，著實令人大開眼界。

某些長期駐紮在警局的「親警派」記者更是變本加厲地加重了警察追逐績效的風氣，他們對報導素材需求孔急，警政高層則需要搶曝光好升官，於是這些「戰神警察」便在雙方各自的利益算計下被一手推上舞臺，成為警局內的大紅牌，走路呼風喚雨。

媒體得了新聞，警察高層得了政績，戰神得了功績，誰也不吃虧。

每每有員警因辦案違法遭檢察官與廉調單位查辦，便有不少「為基層抱屈」的聲音說：「他們也是被績效所逼，很無奈的。」但到底是績效制度扭曲，還是個人貪心導致悲劇呢？我認為兩個因素皆有，且相輔相成。畢竟，不是所有員警都會採取犯罪的手法執法，但如果沒有愈形扭曲的績效制度作為催化劑、不講品質只講作秀的功獎制度作為引誘兔子的胡蘿蔔，在理性選擇下，或許這些令人匪夷所思的違法執法亂象，也不至於如此層出不窮。

除了制度扭曲、某些員警萌生貪念等問題，警方督察體系的內控失靈也是隱憂。如果警方內部崇尚「愛與鐵血」，把長官眼中的紅人「戰警」捧得高高，督察系統大多也會選擇避重就輕，甚至視而不見他們一開始情節較輕微的程序違法。接下來，誠如臺語俗諺所說：「細漢偷挽匏，大漢偷牽牛。」縱容基層員警的程序錯誤，使其養成惡習，正是推他們最後變本加厲，甚至走上犯罪不歸路的主要因素。

偵查檢察官的主要任務是「刑事案件」的調查與追訴。在執法人員違法、不當的狀況，如果是單純未照程序執法，影響的是個案結果，但對執法員警而言，通常得到的苦果是內部懲處，此部分只能交由警方內部督察查察，除非違反程序規定同時又觸犯刑事法（例如公務登載不實、偽造文書、妨害自由、貪污等），才會進入刑事程序，由檢調機關進行偵查與追訴。然而，面對員警的單純程序違法，不少督察單位往往選擇輕輕放下，或者不了了之。在違法也不痛不癢、沒績效才是痛苦的現實環境下，員警會選擇哪條路呢？

強迫員警拋棄執法人員的專業、做違心之舉，浪費國家警政與偵查資源的查緝政策，大搞違法搜索與拘捕，使得好不容易取得的證據被排除，最後案件只換來不起訴處分或無罪判決，而龐大的專案績效壓力下，員警喪失執法人員的道德與責任感，甚至因為違法情節嚴重到構成犯罪而鋃鐺入獄。這會是我們樂見的情況嗎？

難道，大家期待警察體系追求的正義面貌，就是如此？

專案績效造出來的孩子——「騙票」

二〇一九年一月，幾名員警因為「騙票」而上了新聞：新北市員警為追求績效，以不實文書向檢察官與法官「騙票」分別被起訴與判刑。

這兩起案件，其中一起發生在新北市警局土城分局。有員警拿公務登載不實的假資料向地檢署與法院聲請搜索票，雖然騙過負責核票的內勤二檢察官，最後卻在卷宗送到法院時被法官識破，經法官向地檢署職權告發，該名員警最後以偽造文書罪章等罪名被起訴。

另一起則是六名在不同分局服務的新北警局員警，於二〇一八年三月為爭取「斬手專案」績效與功獎，「不約而同」在專案期間先後以登載不實、偽造的公文書欺騙檢察官核發實質違法的拘票，導致違法剝奪他人人身自由。這件經檢察官起訴的案件經新北地院一審判決六名警察有罪，分別量處一年至二年的刑度，僅有兩名被告獲緩刑。另外四名上訴到高等法院時全體改口認罪，二審維持有罪判決，但念在他們認罪的份上，給他們緩刑的機會，代價是要向公庫繳納一筆錢，他們最後也都被新北警局報請新北市政府移送公務員懲戒委員會，得到判決降級改敘的懲戒。

「騙票」是什麼？

依照《刑事訴訟法》規定，偵查中的案件，對於非現行犯、不符合緊急拘提要件的被告，必須由司法警察向檢察官聲請核發拘票才能拘提；基於鑑定必要的強制抽血、採尿等，原則上也必須由檢察官核發鑑定許可書。

而搜索、監聽等強制處分，由於對人權影響重大，因此立法者規定採取法官保留原則，是以原則上必須由警方檢附聲請書與卷證資料，先經由檢察官核章後，送到法院由法官審核並核發搜索票、監聽許可書。至於羈押，更是對被告人身自由最嚴重的拘束，因此必須由檢察官訊後決定是否聲請羈押（警方並沒有聲請權），由法院決定是否裁定羈押。

以上提及的拘票、鑑定許可書、搜索票、監聽許可書等，就是所謂的「強制處分令狀」，也是警察與司法圈內人所謂的「票」。

所謂的「騙票」，是指刑事偵查個案的狀況並不符合發動強制處分的要件，或沒有達到發動強制處分的程度（欠缺如此作為的必要性），然而警方為達上級設定的績效要求，或個別員警與其直屬長官想要爭取功獎，以不實或誇大的內容欺騙檢察官與法官核發拘票、搜索票等強制處分令狀，進而對個別案件中的被告發動違法或不當的人身自由拘束、侵犯人民的居住安寧或隱私權。

「騙票」這個用語，就我所知，原本是警界流傳已久的戲稱。有一些不肖員警甚至會知法犯法，傳授給自己的學弟妹各種騙票手法，或要求學弟妹採取這些不當，甚至違法手法來達到績效要求。

有的「騙票」還沒有到達犯罪的程度，只是單純包裝事實、將案件情節誇大，或是隱匿偵辦過程中的程序疏失，欺矇上級、檢察官、法官。「騙票」有時還和不同警政單位之間競爭績效與功獎有關；在不思考如何平行合作，反而互挖牆角，不等案件成熟也不互相交流情資與證據，而是比誰先請到票、先將案件「衝掉」的情況下，拿「票」愈多者愈吃香。

為了請到「票」或是想要多次請「票」，爭取多次或更高的績效與功獎，警察會在卷宗中隱匿一些重要的證據與事實，有時甚至會將一個案件重新切割、包裝，反覆報請指揮，或是在明知其他單位已經陳報檢察官的情況下，想辦法將同一個案件編成另一個故事，要求已經在另案中擔任過證人的證人（例如藥腳、下手）[9]隱瞞檢察官他們曾經為同一案件作證，使得一個案件分散由不同檢察官、甚至不同地檢署承辦——這就是不少檢察官口中稱的「騙指揮」。

在這樣的攪擾下，一個本來應該完整偵辦的集團犯罪，可能因為在資料與情資不備的狀況下，被切割成支離破碎的爛案，不但浪費司法資源、造成重複起訴的風險，要梳理出犯罪集團結構更是難上加難。

這類為了爭功奪獎而消極隱瞞事實、誇大或包裝案情的情況，雖然可能把案件搞砸了，且這些行為也足以構成警局內部的懲處，但如果員警的行為沒有到達成立犯罪的程度，警方上級大多是「睜一眼閉一眼」，甚至想辦法把事情壓下來，向檢方高層耳語，請他們讓承辦檢察官「閉上尊嘴」，內部則最多就是申誡或口頭警告。對員警而言，這種象徵性的懲處根本不痛不癢，遠遠比不上績效與功獎的利益，更別說警方內部有時甚至會繼續鼓勵亂衝績效，對問題視而不見。

司法圈對警方的一些違法或不當手法也有所防範，不少年輕一輩的司法官不願意再像過去一樣「接受警方高層電話請託」、「聽取口頭報告不留下任何證據」，會公事公辦的要求檢附書面證據。警界也深知從解嚴以來歷經多次修法以及法治的進步，現今刑事訴訟法等法規、司法實務對於證據的要求比過去嚴格，且講求以書面呈現的證據。因此，現行的「騙票」，更多是利用登載不實的公文書欺騙檢察官與法官，例如：倒填文書送達日期、張冠李戴的假照片、假證據——這些都可能涉及刑法偽造文書罪章、妨害自由罪章、貪污治罪條例等罪。

由於聲請令狀需要書面的聲請書，這幾年來絕大多數司法官要求以書面呈現證據，因此此類涉及刑事不法的「騙票」類型，基本上大多都是從偽造文書印文罪章的各類行為態樣出發。這類案件之所以難被發現，是因為司法官通常會信任員警基於職權製作的公文書，且事實難以查證。

以前文提到的新北地院發現騙搜索票案為例，被告員警是先與毒品列管人口達成協議，製作內容不實的假檢舉筆錄、假的偵查報告，還冒用搜索對象親友的名義製作檢舉案。當他發現自己聲請的案件多次被駁回時，更大膽盜用同事的印章，以同事名義造假騙搜索票。他以假資料向院檢聲請了十次搜索票，導致有五人在沒有正當理由的情況下被搜索，直到「不幸」遇到審過舊案的法官，發現這名被告員警在前、後兩案使用同一張照片當證據，但兩案之間並無關聯，向地檢署職權告發，此事才曝光。

「騙票」的基本態樣，始於偽造或製作內容不實在的文書。要防堵這樣的行為，

9 編注：犯罪集團或毒品供應鏈中的下游。例如買毒的施用毒品者、犯罪集團中居於底端地位的小弟。

除了負責核票的檢察官與法官必須有高度敏感度，如果被搜索、被拘提者有委任律師擔任辯護人時，辯護人也必須要有意識到自己當事人面臨的強制處分有何不尋常之處。因此，調閱強制處分聲請卷宗以及正確判讀的能力，是法律人的基本功。

事實上，有不少警官知道這些問題，有些中、高階警官還私下分享經驗，告誡大家：「印章一定要保管好，單位裡負責執掌印章保管的人，必須是值得信任的員警。」

至於前文的另一個案件，爭取斬手專案績效「騙拘票」案的新北警員之所以會犯下過錯，是因為要追求二〇一八年內政部警政署制定的「斬手專案」專案績效：三月十九日至二十二日期間，「拘提」詐欺案件的提款車手可提升績效功獎。

這個專案提升功獎、追求績效表現的方式，與現實的犯罪情況以及應該相應的合法有效偵查技巧完全脫鉤。為什麼呢？因為如果一名警員辛苦分析資料後，中規中矩地以合法方式通知車手到案，會被排除在專案績效加分獎勵之外，而向地檢署請到拘票而將車手拘提到案的獎勵分數，甚至還會與照正常程序辛辛苦苦監聽、跟監、埋伏、向法院聲請搜索票搜索等作為所得的相同。既然含辛茹苦、用心查案所得的好處不如一張拘票，那麼在成本與利益考量下，當然有部分員警會以投機方式查緝犯罪，向檢察官「騙票」就是其中一種偷吃步的體現。

斬手專案「騙票」三大招

被法院判刑的斬手專案「騙票」約可以歸納為以下三類：

1. 時空倒流術

明明送達日不合法，卻讓通知書上的時間「倒流」或「快進」，填假的送達日期，使檢察官誤以為符合寄存送達十日的規定[10]而核發拘票。例如在嫌疑人家門口張貼通知書後旋即撕掉，製造有送達的假象，接著倒填送達日期，偽造通知書在張貼日之前即已送達並滿十日，再立刻到地檢署聲請拘票。

這些因倒填通知書日期騙到的「票」被拘提的當事人，完全沒有該被拘提的事由。這些員警騙到拘票後，也沒有懸崖勒馬，反而拿著拘票去拘人，或交給不知情的同事去執行。

10 刑事訴訟法第六十二條準用民事訴訟法第一三八條：I送達不能依前二條規定為之者，得將文書寄存送達地之自治或警察機關，並作送達通知書兩份，一份黏貼於應受送達人住居所、事務所、營業所或其就業處所門首，另一份置於該送達處所信箱或其他適當位置，以為送達。II寄存送達，自寄存之日起，經十日發生效力。III寄存之文書自寄存之日起，寄存機關應保存二個月。

2. 不存在的幽靈通知書

《刑事訴訟法》第七十一條之一規定的拘提，前提是必須由警察機關主管長官簽章核發到案通知書並合法送達，但嫌疑人仍拒絕到場，警方才能向檢察官聲請核發拘票。

為了達到專案期間的績效表現，想「騙票」的員警會在沒有簽請分局長核發到案通知書的情況下，跑去嫌疑人家門口張貼寄存送達通知書，並記載：「茲有到案通知書一件」的不實內容，並登載假的公文文號，再呈報給檢察官。

這樣的做法與拿著假警察局通知書、法院或地檢署的傳票，跑去被害人家裡宣稱「你有一件案件經警察／檢察官／法官調查中」的詐騙集團沒什麼兩樣。

3. 盜用大印與分局長印章

員警請「票」被檢察官駁回，卷宗被退後，沒有重新走發文的程序，反而將被退的聲請書撕掉，再擅自以電腦應用程式開啟拘票聲請書電子檔，將發文日期往後更改，接著利用假日前往勤務中心，盜用該單位保管的分局長印章及分局公印，盜蓋印文在造假的拘票聲請書上，偽造公文書後，接著向另一位檢察官第二度聲請拘票。

盛產「騙票」的轄區

兩件「騙票」案之所以都在新北地檢轄內爆發，是因為該地檢署檢察官人數眾多，在專案期間每日均由不同檢察官輪值負責審核拘票，再加上該署「為了減輕行政人員的作業負擔」，行政作業流程有許多特立獨行之處，有可乘之機。

比方說，案件到地檢署後，照正常流程應該要先檢查文件是否齊全、是否有錯誤或遺漏之處，接著再「分案」，決定案子要由哪一位檢察官負責，但新北警方請票的某些案件卻沒有到分案室掛號，往往拖上一至二週後才分案取號，理應要檢查完備的請票卷宗還可以「不翼而飛」。如此的做法讓檢察官欠缺資料不說，還無法在電腦辦案系統中查詢同一個被告或犯罪嫌疑人，過去有無被聲請拘提獲准或駁回的紀錄。

此外，地檢署本身的辦案風氣與文化，也是造成檢察官容易被騙的原因。新北地檢署由於長期以來被績效戰區的「移送海」癱瘓，一位檢察官每月負責的案件少則七十至八十件，多則百餘件。我過去在該署服務時，還曾一個月內收到一百一十至一百二十件，而如此大量的案件，卻絕大多數因為證據不足或根本不成立犯罪，無從起訴。

和我在其他地檢署學習與服務的經驗相較，新北地檢署的辦案文化傾向以「結案」為取向，檢察官每個月最在乎的不是自己成功挖掘出多少件案件、與司法警察合作的成功經驗，而是戰戰兢兢地打開電腦，看著統計室的報表，煩惱自己的結案數字比不上其他學長姊。

結案取向的大型地檢署與警察圈的交流與互動傾向生疏又客套的「行禮如儀」，對也較不熟悉警方內部的文化，再加上檢方高層長期以來強調「良好的檢警關係」，對於警方送到的文書，某些檢察官傾向照單全收，相信警方。於是，該署有不少檢察官收到荒唐的移送案件，甚至是移送錯人的案件時，會選擇摸摸鼻子自己調查、火速寫不起訴處分書結案，不願意透過《刑事訴訟法》明文規定的「發查核退」機制[11]提醒並督導司法警察機關。畢竟，檢察官如果要進行發查核退的話，還要花時間批進行單，很累，況且案件還是掛在自己身上，使得報表上的未結案件很多，沒辦法在「報表戰爭」中取得成績。

內勤二檢察官核票時，如果同意警方的聲請，那麼就只需要蓋章、不用寫理由，駁票則必須要交代駁回的理由，但要是寫了理由，很可能會被警方拍照下來「大作文章」、在內部群組瘋傳，接著警方高層就會向檢方高層咬耳朵，抱怨某些檢察官「不近人情」。由於請票案件眾多，許多檢察官也沒有時間針對卷宗中的一些疑點細細提問，如果偶爾出現外地調來、新分發的「不識時務檢察官」，仔細追問卷宗中的疑問，就會被當成警方口中阻礙績效的「門神」，各分局間會奔相走告，想辦法「避開門神」，挑「好過」、「好說話」的檢察官值班時瘋狂請票。

過去在新北地檢署，我就曾在警方專案績效期間在內勤[11]值班，審核強制處分[12]的聲請案件時，發現有些員警為了快速聲請令狀，職務報告所陳報的偵查作為並未落實，而是拿舊照片、舊紀錄來「舊瓶裝新酒」。強制處分攸關當事人人權，對一個案件的發展有很重要的影響，用這樣的方式請票實在不可取。對這類有疑慮的聲請案件，我向來是一律駁回，並以書面記載駁回的具體理由。如果是因為員警便宜行事而未落實應調查事項，但案件有發展可能性者，我會書面要求補正，並請警方當天下午或隔日補正後再聲請。於是那天上午，我駁回了數件卷宗內容的記載、調查過程、

---

11 編注：發查、交查、核退、核交。因告訴、告發、自首、非司法警察機關告發或其他因有犯罪嫌疑而實施偵查，檢察官認定適合由司法警察調查的，分「發查」案件；檢察官認定適合由檢察事務官調查的，分「交查」案件。若檢察官認定司法警察的報告或移送的案件調查不完備，可將卷證發回原司法警察機關命其補足，此類為發「核退」案件；檢察官認定發交給其他司法警察機關或檢察事務官的，為「核交」案件。參閱〈臺灣臺北地方檢察署辦理發查、交查、核退、核交案件實施要點〉：https://mojlaw.moj.gov.tw/LawContent.aspx?LSID=FL029956。

12 指拘票、搜索票、鑑定許可書、通信紀錄之調取票……等，《刑事訴訟法》及其特別法所規範的強制處分令狀。

情資來源有疑慮的案件。警方內部群組的消息流傳得很快，下午來請票的員警明顯銳減，大多都是卷證完整、胸有成竹而來，或是新北轄區以外的外地員警。

那次駁票後，據說員警針對我與其他聲名在外同樣「嚴格」的幾位檢察官，私下奔相走告，「專案期間不要去找『門神檢察官』請票」。

當然，如前所述，有會駁票的「門神檢察官」，當然也有不太駁票、「為檢警關係考慮周到」的「星星級檢察官」。在這種立意原為良善卻無奈扭曲的績效文化、原意是為了更好協同合作結果卻荒腔走板的檢警關係之下，每逢警方專案績效期間，便會形成「內勤二檢察官害慘內勤一檢察官」的局面。因為，內勤二檢察官發出拘票，人犯拘到後要送交內勤一檢察官訊問，而在警方混亂、不照程序的做法下，同一個被告被反覆拘提多次、拘票的核發有異等問題層出不窮。在為了績效而刻意暴增的案量、為了搶快搶分數造就的滿地無用甚至不法的證據環繞，忙碌了好半天只換來一張又一張的不起訴處分書的案件，法警和內勤一檢察官肯定會被癱瘓。

舉個例子來說吧，在前文提到的二〇一八年警政署斬手專案期間，新北各分局之間惡性競爭，追求的不是好好地把詐騙集團組織澈底根除，反而在毫無平行合作的狀態下，不斷由不同分局重複移送相同的下游車手，導致一個車手被移送十幾次，一個被告的案件被割裂成十幾件。更離譜的是，執行專案的四天期間，警方拘提車手的地點竟然就在法警室門口，前一個分局的警察將這個車手拘提到署，因為證據不足、檢察官認無羈押原因或沒有羈押必要，才剛放人，下一個分局的警察就等在法警室門口，把還來不及步出地檢署的車手嫌疑人再拘走，隔天送到另一個檢察官面前。被告獲得自由的時間連一秒都不到，又被反覆抓走，《憲法》第八條[13]彷彿從不曾存在過。

荒唐的是，警政署曾經因為察覺到某些司法官在警方專案績效期間，對於核票把關愈來愈謹慎，恐怕會影響到每年都輝煌無比、堪稱星斗燦燦的績效數字，竟下令要全國各警局「向上陳報核票嚴格的法官與檢察官名單」，一度引起警界與司法圈譁然。不免令人懷疑要這些名單的意圖何在。

13《憲法》第八條：人民因犯罪嫌疑被逮捕拘禁時，其逮捕拘禁機關應將逮捕拘禁原因，以書面告知本人及其本人指定之親友，並至遲於二十四小時內移送該管法院審問。本人或他人亦得聲請該管法院，於二十四小時內向逮捕之機關提審。法院對於前項聲請，不得拒絕，並不得先令逮捕拘禁之機關查覆。逮捕拘禁之機關，對於法院之提審，不得拒絕或遲延。

我辦過的「騙票」

前述斬手專案期間的六名新北警「騙票」事件，是我在檢察官任內承辦並起訴的案件。

當時一發現警方聲請拘票的卷宗有異常狀況，我就立刻向主任檢察官報告。經內勤值週主任檢察官調取同時期的數十宗卷宗，發現其中有大量卷宗形式看起來確實有些古怪，因此於同年四月追查轄內各分局的數十件聲請拘提案件。經三至四個月的卷證過濾與分析，掌握了一些明確的線索與證據，最終認定有員警以偽造、不實在的文書騙取拘票，甚至還有被拘提人是無辜被冤枉的。

由於案件被告為司法警察，且攸關警方聲譽，當時決定不將本案交由其他司法警察單位，而由數名檢察官帶領檢察事務官（檢事官）[14]親辦，又考量媒體效應，為了顧及警方顏面，主任檢察官與我們討論後，決定不採取搜索分局這等大動作的強制處分方式，而是由數名檢察官偕同檢事官，依規定同步持公文至可疑分局調閱卷宗檔案，[15]並於行動前一日傍晚才通知督察單位協請配合。因擔心存放在各分局的卷宗資料有滅失或遭竄改的風險，此行並未告知警方案由，僅通知有風紀案件。

在這個專案的勤前會議期間，我們考慮事涉許多分局的警譽問題，並沒有指揮廉調等司法警察機關，甚至在會議中多次提醒要做好保密工作還有應對媒體的注意事項，全程沒有任何一名參與的檢察官或檢事官與記者接觸，一律由主任檢察官應對。

二〇一八年七月二十六日上午，檢察官偕同檢察事務官親自前往六個分局調取卷宗資料。然而，在我們到達各分局後約半小時至一小時間，消息馬上走漏，我收到了來自不同地檢署服務的檢察官同事、全國不同警察單位員警的通知，說全臺警察群組都即時收到了一封通知「檢方行動」的訊息，上頭竟還詳列承辦檢察官姓名（也就是我的名字），並且在訊息之後附上「以上供各單位參考」等字眼。這消息從用語和內容來看，顯然是由高層指示發布，因為只有統籌的高層單位，才能同時掌握全臺警察群組的聯繫資源和各路檢察官、檢事官在不同分局調查的內部消息，並且指示「提供給全國各警察單位參考」。

檢察官忙著調查證據的時候，新北警高層宛如熱鍋上的螞蟻。這件案件被警界內部認為會「衝擊警方績效制度」，因此他們找上檢方高層表達「是不是可以讓我們警方自行發新聞稿」的訴求，而地檢署為了展現出協助警方止血的高度，很大器地同

14 主要是協助檢察官事務。

15 法源依據為《刑事訴訟法》第一三三、一三四條、第二四七條，亦即學理上的「提出命令」，屬於間接強制處分手段。

意了。

不出眾人所料，地檢署給了三分顏色，新北警高層就開起染坊，將片面與偏頗的消息洩漏給記者，霎時出現了眾多為警察護航的新聞操作，搞起媒體與輿論戰。

這還不打緊，在那段期間，警方高層頻頻動作，甚至還有一些警官直接找上我，發送訊息、打電話，或無厘頭指責我：「檢察官妳辦這件案件太過衝動，請妳冷靜想清楚。」

究竟是誰太衝動，是誰需要想清楚？又是什麼樣的體系會這樣處處維護違法的做法？

除了直接找承辦檢察官，他們也不斷聯繫檢方高層，使得地檢署檢察長、（襄閱）主任檢察官壓力山大。不過檢察體系在助長歪風一事上很遺憾地也不遑多讓，例如高檢署內部就有人長年在這樣的歪風之下，竟遺忘了自己做檢察官的本分，在公開場合口出風涼話：「新北檢檢察官辦這件案件，看看以後警察要怎麼『幫他們做事』。」說出這種話的資深檢察官，可能忘記了法治國檢警的使命是服膺法律依法辦案，而不是維護「關係」，和「誰為誰」做事無關。

即便眼見「騙票」的員警被起訴，警方高層還是不願面對自身體系對基層的壓迫、專案績效逼出的業果，好好檢討讓執法人員無法守法的原因為何，反而向媒體放話，表示「查緝車手遭起訴，新北警力挺執勤同仁」，還宣稱這些員警之所以被起訴，是因為警方和檢方「實務見解不同」，無視程序違法可能導致證據排除的惡果，反而將髒水潑向檢方，對媒體表示：「檢察官大張旗鼓清查員警違法情節，恐造成寒蟬效應而人人自危，同時也嚴重打擊基層警員士氣，若因此案促使詐欺集團氣燄更加猖狂，將造成民眾財產更大的危害。」[16]

閱讀至此，相信讀者肯定在心底起了困惑：到底警方口中稱的危害，是誰危害誰呢？真正危害民眾，甚至危害到他們自身的，又是誰？

二〇二〇年一月底，新北地院一審判決宣判，涉及「騙票」的六名員警全部被判有罪，且刑度都在一到二年之間；其中有四名員警於一審時否認犯罪，上訴到二審後改口認罪，高等法院維持有罪判決，僅在刑度上部分減輕並給予緩刑的寬典。[17] 明明在判決前說要「力挺同仁」的警界高層接到消息後，竟然對媒體錯愕表示「那麼嚴重喔」，[18] 不久前振振有詞責怪檢方的新北警高層，不檢討追逼績效政策的問題，反而施展「次元切割」，改稱這些被宣判有罪的員警「違失情節重大」，慌忙將其等提報

16〈警掃蕩車手遭檢起訴　新北刑大：實務見解不同〉，蘋果新聞網，二〇一九年二月二十一日。
17 新北地院一〇八年訴字第三二一號、高等法院一〇九年上訴字第一三四一號刑事判決。
18〈新北六警騙拘票衝績效　法官痛批：敗壞國家法紀〉，《聯合報》，二〇二〇年二月五日。

到新北市政府移送懲戒。[19]建立在不正確的基礎上，無論如何努力意圖掰彎取直，之前義正辭嚴強調的「同仁相挺」之情，最後果真如浮雲，使人不禁唏噓。根據新聞報導，被判決有罪的人之中，有人「崩潰大哭，並供稱：『不知道會那麼嚴重！』」而就算看到了判決結果，甚至還有警官不自省，把問題怪在「媒體該負責任」。[20]

還記得我在二〇一八年十二月中旬送出這件案子的起訴書，歷經被檢方高層「退書類」的波折，好不容易終於在二〇一九年二月讓地檢署上級通過送閱程序、送出起訴書。不只在案件的發展期間，乃至結案後，都有許多紛紛擾擾。

辭職後，我常常在想，習以為常「騙票」的員警們，在誤入歧途的當下，應該是忘了警徽與制服代表什麼了吧？它們代表的該是法治、是法治國執法的榮耀，不是績效、功獎與官位。

一個法治國家刑事司法體系最基本的精神，要如何守護、如何彰顯、如何實踐，是所有法律人、執法人員應該要挺直腰桿去努力的事情。

寫這件「騙票」案的起訴書時，我特地在起訴書「量刑建議」欄的字裡行間暗藏了弦外之音：「如果公務員不守法，這還是個法治國嗎？」

希望有人可以聽見。

第八章
和諧又美好的檢警關係

什麼是檢警關係？

前一章我們提到許多次「檢警關係」，這是檢察與警察體系之間最美好的羈絆，卻也是最讓雙方劍拔弩張的關鍵問題點。

所謂的檢警關係，是指在案件偵查中，檢察官（偵查主體）與司法警察（偵查輔助機關）應該坦誠相對，共同為案件的發展而努力，一同合作透過程序正義來發現

19〈偽造公文抓車手衝績效　二警判刑又被降級〉，《自由時報》，二〇二〇年七月十八日。
20〈新北警騙拘票慘被判刑　她受委屈？長官竟扯：媒體該負責任〉，三立新聞網，二〇二〇年二月七日。

實體正義。檢警關係是檢察學理論與實務的大哉問，然而在政治、媒體與輿論壓力、升官因素等錯綜複雜的現實環境中，實務運作與理論往往漸行漸遠。臺灣的「檢警關係」，不知從何時開始變得扭曲，導致許多虛與委蛇、互相隱瞞或欺騙的情況發生，而在民意之手肆意試探伸入偵查程序予以干涉的常態下，檢察官需要花最多苦心面對的壓力，其實是來自檢警體系外部和高層的力量，要說是這兩股力量把檢警關係擠壓得變形也不為過。

剛分發擔任檢察官時，我就曾遇到地方「有力」司法警察機關，只憑一份檢舉筆錄和三張照片就向地檢署報請指揮，並要求僅憑少數證據聲請監聽。我當時雖然資淺，但基本常識還是有的，當然駁票，並要求對方做進一步查證、補足相關資料。沒想到對方竟然揚言：「人家法官說這樣就可以核票，標準都比妳寬鬆。」並說：「檢察官應該支持我們辦案。」

檢察官確實應該支持認真的司法警察辦案，但是辦案必須要依法，檢察官與警察要攜手透過程序正義發現實體正義，而不是在明知卷宗資料根本不可能通過審查的情況下，要求檢察官盲目支持、照顧兩者之間的關係。要是不管送什麼上來都能以「顧及檢警關係」為由要求核可，那檢察官跟一顆橡皮圖章有什麼兩樣呢？

法定的檢警關係從來只是公事公辦，不需顧及人情，在個案中，沒有私相授受這種事，雙方都須奉法律為唯一圭臬。

檢察官的角色與定位，並不是在鎂光燈下、媒體的鏡頭前，更不是在觀眾注目下帶頭衝第一線、發新聞稿作秀、取代治安機關（警察）的角色博取鄉民的掌聲，而是帶領願意腳踏實地做事的司法警察，一起遵守《刑事訴訟法》所課以的義務，大公無私的把案件從程序到實體完整處理好，不冤枉無辜的人，又能將真正破壞刑法法益的被告起訴、讓法院依法定罪、踐行完善的刑罰執行程序，透過正當法律程序來實現實體正義，這才是偵查主體的使命。

為了維護真正正確的檢警關係，檢察官與警察都必須遵守法律程序。檢察官不應該擔心得罪某些有力機關而放棄自己的督導義務，司法警察機關也不應該以隱瞞甚至欺騙的方式聲請令狀或騙指揮，導致強制處分發動的合法性產生疑義、程序出問題，影響日後的起訴與審判程序。

有人說，理想的檢警關係只存於理論，但不是的，它不是理論，是我們應該共同努力的目標。

是誰扭曲了檢警關係？

在澎湖地檢署服務時，我經手過一件讓合作過的基層員警與警官到現在都還會忍不住跟我「算帳」的案子。

過去澎湖每到清明節，總會因掃墓而「烽火」連天，居民放火燒草產生的火警，每每讓消防隊員疲於奔命，我去的第一年火勢之大，還差點燒到加油站，詢問消防局，值班人員也只無奈回應：「……每年都是如此，一年數十場火警，只是今年火勢特別誇張罷了啦！」因為年年皆如此，當地人習以為常，認為「向來如此」，沒什麼好大驚小怪的。

但大家習慣的事情，是兩天內發生二十場火警，甚至還有住戶因此要暫時撤離他們的住家啊！認為這「異相」涉及公共危險罪的我，約了調查官，並向警方要了人力，帶著一群人四處奔波，哪裡有煙就往哪衝，真的是「墓仔埔也敢去」。想來當時辦這件案子時，我帶著大家爬墳墓、嚴格要求程序與證據、不太理會媒體與輿論，甚至和「難纏的客戶作對」，總是把大家弄得人仰馬翻的往事讓人印象深刻，每次回澎湖眾人都會忍不住回憶，講起來總是又無奈又好笑。

當時，澎湖派出所員警顧慮如此大陣仗在各墳墓堆爬上爬下，調查這些「墳墓主人」的子孫會引發民怨，還有很多人覺得「反正年年都在燒，為什麼要查？」、「妳不怕得罪鄉親嗎？」我總是告訴他們：「放火本來就是犯罪，辦案怕什麼民意？我就站在這裡，如果有什麼不滿，就找我！」

民意如流水，是會改變的；依法行事，怕什麼民意？

事實證明，先後到了幾個現場，現場圍觀的民意都站在檢警這邊，隔天地方報的社論[21]立場也與我們相同，大家都覺得每到清明就火災連連是不行的，沒人覺得既然每年都燒就必須一直維持傳統地燒下去。

我想到電影《引爆點》劇中金敏照檢察官的名言：「雖然對體制失望，但我始終相信法律。」無論是檢察官還是警察，只要身為執法者，我們就應該堅定的相信法律。只是這個執法人員最基礎的信念，在大環境的逼迫下卻必須費盡心力才能堅守，而「檢警關係」也在人心與體系皆歪斜生長的情況下，變得愈來愈扭曲。

基層在第一線辦案，除了必須孤零零的面對不經思辨的理盲「民意」、政治力以及地方勢力的威脅，還必須面對在高層要求追求漂亮的「數字」下被迫鋌而走險的風

21〈掃墓鐵齒族的惡行〉，《澎湖時報》，二〇一七年四月三日：http://www.penghutimes.com/modules/phnews/index.php?nsn=17889

險。

新北地檢署曾有法警向我反映，他們受理申告案件時，不約而同發現了一樣的問題：民眾到署申告，表示曾經報案，但沒有拿到報案三聯單，或是報案三聯單上的案由看起來與自己報案的案由不同，最後無奈之下只好到地檢署申告。然而監視器畫面到此時已經滅失，證人的記憶也模糊。

舉例來說，二〇二〇年發生於臺南，震驚全臺更影響我們國際形象的馬來西亞籍女學生遭人殺害的案件，就引起了另一樁報案三聯單的「案外案」。據報載，在這位馬來西亞籍學生被害前約一個月，有另一名同校的女學生也在案發地附近遭人摀住口鼻，險遭擄走，事後這位女學生在房東陪同下前往派出所報案，然而臺南歸仁警方在馬來西亞籍女學生被害後，面對排山倒海而來的媒體與輿論關注，發出新聞稿表示一個月前疑遭同一名犯人攻擊的女同學「並未至派出所報案」，沒想到女同學卻出面提出證據，駁斥警方的說法，引起譁然。下不了臺的警方，兩天後改口承認經臺南市警局督察室調查後發現，女同學於一個月前的確有報案，是警方未依正規程序開立報案三聯單，過程明顯瑕疵，將依規定懲處，並擬撤換歸仁分局長。

另名女同學的報案紀錄為何「憑空消失」？為何受理報案員警沒有依照規定開立報案三聯單呢？為了預防更多悲劇發生，我們應該思考的不光是追究員警個人責任，而是要探討，是什麼樣的制度導致員警不依照正規程序製作報案紀錄？問題就在於，如果第一線員警依照規定受理案件，並將這個擄人未遂案件如實向上陳報，接踵而來的會是排山倒海的責任歸咎。因為警政體系所謂的「維護治安」策略向來不傾向治本的腳踏實地做事，而是美化數字的治標——也就是「破案率」的數字，追求的不是真相、不是根本之道、也不是程序與實體正義，而是如何「給上級交代」。於是基層員警第一時間想到的很有可能不是解決問題，而是如何把問題「壓下來」、美化數字報表、靠公關給媒體和民眾交代。

在如此環境下，一旦出了像馬來西亞籍學生殞命的嚴重事件，警政機關高層第一時間想到的很有可能不是如何面對問題，而是如何推諉卸責，比方發新聞稿公然說謊，謊稱一個月前另名女學生沒有報案。如果不是這位女同學提出通聯等證據，這起事件將會變成羅生門，真相永遠石沉大海，檢討與改革也將永遠遙遙無期。

有不少員警指出，在地方警局追求「美化的治安報表」壓力下，基層員警對於這類亂象也十分無奈。例如某些警察機關的主管長官會傳令要求「受理案件不要急著開三聯單」，要求各派出所受理某些類型案件時數量不能「超出標準」，塑造該轄區「案件量減少」的美好假象。

曾有員警為我說明其中訣竅：「為了數據，警方各單位往往要求負責登打刑案紀錄表的承辦人，在受理較重大的甲類型案件時，要改用較輕微的乙罪名的案由輸入，這樣就可以讓甲類型案件的發生率『在帳面上看起來很漂亮』了。」還有人舉例說明表示：「移送書寫詐欺沒關係，但刑案紀錄表上不要登打詐欺，因為績效統計是從刑案紀錄表系統產出的」、「外界通常以為移送書就是績效，其實真正警局在檢討的績效，是從登打刑案紀錄表系統產出，所以專案移送數字漂亮就是狂移送，但刑案紀錄表輸入的技巧才是可怕。」

為了維持移送案件的績效好看，結果卻是導致警方刑案紀錄表與檢方、院方系統不一致，而這正是警方控制「治安好壞」的關鍵。一件犯罪於是不得不「一案各表」，在移送書和刑案紀錄表呈現不同案由，使得後續檢察官要花上更多時間釐清、查核資訊，拖累了整體進度。

警察要承受的來自上層的壓力著實不小，除了要「抹去某些數字」，還要隨時應要求「增加某些數字」。例如二〇二〇年某地方市政府警察局、分局高層，可能是突然夢到自己被雷劈，把腦袋發麻的感覺當成獲得了來自大宇宙的「靈感」，竟在基層已經為了各種專案疲於奔命的情況下，又制訂了一套「掃蕩賭博評核計畫」，並針對轄內各分局分別規定配分，考核各分局的「達成率」。上有好者，下必有甚焉者，該市警局規定轄內某分局需達到一百二十六分，沒想到，該分局竟然自己幫自己定了快八百分地達成標準，某些派出所的配分還被要求達到一百四十、一百八十分以上，讓不少基層員警苦不堪言。

這份偉大的「掃蕩賭博」計畫中，把撲克牌、麻將牌、象棋等悉數列入評核項目統計，於是，各派出所只好開始擬定作戰計畫，爭相「掃蕩」公園、涼亭、廟口玩牌、象棋的老人家們，投注了大量警政資源於此類案件，無暇顧及更重要的治安議題。

過去擔任檢察官時，我就親眼看著警方每年在「特定時節」反覆處理此類「老人犯罪議題」。有趣的是，此「老人犯罪」只在掃蕩期間才會發生，被逮捕的被告們就像前一段說的那樣，幾乎都白髮蒼蒼，年齡都長我兩、三倍有餘。開庭時，就連負責戒護的法警都很擔心這些老人家的身體狀況。被警察送來地檢署的他們，大部分人全身上下可能只有幾十元、幾百元不等，並非想要傾家蕩產的賭博，而可能是帶著子女孝敬的零花錢，閒著無聊，在公園等地聚會順便小賭一把，打發時間兼顧社交娛樂。但在警方「掃蕩賭博期間」，基層員警深知網路賭博、大型賭場查緝不易，警政高層制定的評核目標又不能不努力達成，便鎖定特定公園「每日掃蕩逮捕老人」，用人頭來衝高分數。真正背後有官商與黑道勢力的大型地下賭場，反而被丟到一邊，警方無力管、也不敢查。

然而，全身上下只有數十元、數百元，在公園與廟口玩牌、玩象棋的老人家，真的有「嚴重破壞治安」嗎？有耗費大量警政與司法資源「大肆掃蕩」的必要嗎？

我每次都忍不住感嘆，警方這麼善於玩弄數字的好頭腦，拿來踏實辦案，不知道該有多好？當大家在為「數字」拍手鼓掌時，有沒有想過這種看似客觀的統計數字，很可能是一種客觀的騙術呢？在這些數字的背後，又隱藏了多少刻意操作的採樣與分類？

更重要的問題是，在這種被警方績效數字拖垮偵查資源與品質的辦案環境裡，部分檢察官與警察眼中的「良好」檢警關係，檢方裝聾作啞任由警方製造沒有意義的案件數字，真的是我們該維護、追求的嗎？

臺灣有句俗諺：「作戲空，看戲憨。」意思是在臺上演戲的是瘋子，在臺下看戲的則是傻子。這場不斷惡性循環、一年又一年「達成率不斷提升」的大戲，是警方高層導演的一齣齣戲碼。基層員警在舞臺上卯足勁演戲，以各種華而不實又危險的作秀技巧，迷惑臺下看不太出來哪裡有問題、只因績效的數字看起來很漂亮而拍手叫好的民眾。最後，躲在背後的高層升官了、臺上的演員出事了，群眾卻仍茫茫然，還活在英雄主義的虛擬幻境中，不知道背棄了程序正義，追求到的根本是扭曲的產物。

專案績效的問題被指出來後，警政高層一邊宣稱「逐步減少專案績效」，卻換湯不換藥的制定各類「評核」、「掃蕩」計畫，在諸如「打擊犯罪、維護正義」冠冕堂皇的理由之後，往往附上各單位評比表與獎勵辦法，意思是一樣要各警察單位加入這場追求數字的盛大競賽，不加入者或追分不積極者，同樣會受到實質懲處，休假變少、考績乙等。

我們都該想想，在這些評核、掃蕩的背後，基層警察有多少不為人知的辛酸與災難？民眾在為官方公布的數字歡欣喜悅、安全感爆棚的同時，知道這些數字的真實意義嗎？又有多少人知道這裡面「真正」的犯罪、證據充分而可以起訴判刑的案件，也許少得令人驚訝？

如果數字代表的是「正義」，那麼我們就該問問自己：正義竟是要用這種手段追求的嗎？這種手段追到的數字，真的代表正義嗎？

基層警察的意志，往往被上層主事者左右。為了達到上層的要求，員警要功獎、要數字、要請假、要考績，不得不為了求戰功而不顧法定程序辦案，要求檢察官給予他們「方便」，檢察高層也為了要維持與警方的「關係」和諧而予以「他們方便」，警察與檢察兩方互相「配合」、一起照顧「檢警關係」的結果，就是催生出同樣歪斜的警察、檢察體系，癱瘓偵查動能，久而久之，錯誤的做法竟好像變成對的，按照法定程序的正確做法，反而才成了錯的，只有長官與民眾都滿意的超高破案率、超快結案速度才是永遠的正道。

在上層只看數字，前輩與同事多數為衝數字而戰鬥的氛圍下，有多少員警敢堅持正確程序，又有多少檢察官願意當壞人「破壞檢警關係」呢？

警政高層關注的重點為什麼老是在這些「數字遊戲」中打轉，且往往和證據是否保全、程序是否合法、辦案是否精緻、起訴結果如何這些基本維護公理正義的事無關呢？也許是因為他們在意的，是讓自己任內「數字形式上」的犯罪率下降、破案率上升、可以提供給媒體作秀的戰績，好為下一步高升鋪路吧。

當他們高升後，被遺留的基層員警因為犯法，被檢方與廉調機關查獲被起訴判刑，只會得到和前文提到的新北「騙票」案涉案的員警同樣的結果：秉公處理，甚至兔死狗烹，就算基層員警認罪被判刑了，高層送他們去懲戒時，還不忘發新聞稿斥責違法員警，好像高層都是清流似的。

當然，如果把責任全都怪在高層身上也有失公允，警察體系也好，檢察體系也罷，裡面都有不少逐利之士，覺得法定程序可割可棄，認為這種圖方便的檢警關係是「理所當然」的。例如檢察體系內的一些「資深檢察官」，他們忘了檢察官的使命，動不動就愛高喊「檢警關係很重要」、「不要破壞檢警關係」，甚至在專案績效期間，對排山倒海的濫行移送案件視若無睹；高檢署曾發函給全國地檢署，要檢察官們「配合」警方的績效遊戲；或是身為檢察長、（襄閱）主任檢察官，卻在公訴檢察官於審判中發現警方程序有問題時，為了要維護虛假的檢警關係，不願去匡正警方辦案問題，甚至制止公訴檢察官繼續追查程序違法的細節。他們可能以為包庇這些衝績效造出來的問題是在維穩，但那其實該叫墮落。

檢察官發現警察胡亂移送的問題而發函調查，會被耳語「這是沒有意義的事情，快速結案才是正軌」；警察發現同仁辦案不循正規方法而提出疑問，會被勸告「不要惹事」。有心推動改革，依照法律進行督導義務的人，為何往往變成眾矢之的、「破壞檢警關係」的罪人呢？答案如此昭昭然，但卻少有人敢發聲，因為指出了問題，很有可能落得眾叛親離、不被諒解的荒謬下場。

不要再說「誰挺誰，誰一定要挺誰」

我心目中理想的檢警關係，不是兩方人馬盲目「互挺」；不是警察來請票，檢察官不管合法、妥當與否一律蓋章送到法院送死；不是檢察官照單全收警察送來的證據，不察證據違法反而對被告咄咄逼人；不是高層官場上的觥籌交錯；不是相互偏袒、私相授受，更不是一起追求數字績效遊戲、搶當媒體英雄。

檢警之間沒有「誰幫誰做事」、「誰挺誰」、「誰不能得罪誰」的問題，而是共同依法行公事，透過程序正義來找尋實體正義。除此之外，沒有別的。

警察與檢察官都不該擔心得罪高層。誰做錯了事情，就是依法處置，就算是自己的夥伴也一樣。

我檢察官生涯的第一件專案，就是在分發擔任檢察官第一個月，自動檢舉偵辦海上的司法警察——海巡人員。我從不害怕「得罪誰」導致沒有人要幫我「做事情」，因為，司法警察唯一的任務就是服膺法律；如果我站在法律上面、做的事情是「公事」、是「法律規定應該做的事情」、是「偵辦與阻止別人做違法（包含違反程序法）的事情」，自然就會得到具有良知的夥伴支持。

至於民代、高層所想的與法律無關之事，不是身為法治守護者的司法人員應該要去管的，執法人員本來就不該服從這些政治力量，甚至應該要勇敢站出來改革。

可惜的是我們目前的警察體系也好，檢察體系也好，在裡面的人大多身不由己。檢察官變成瘋狂的結案機器，最大的特色就是瘋狂開庭，回到辦公室後還要頭痛的看著證據保全出問題的警卷，想不到補救方法，也懶得提醒警方法律規範與偵查技巧，只能瘋狂敲鍵盤，寫不起訴處分書。警察則在各類專案績效期間，移送大量一眼望去顯然不構成犯罪的績效案件，沒日沒夜地盤查、盤查、盤查；算經手的案件可以拿多少分、多少分、多少分……。檢方與警方高層之間一派祥和之氣，警方高層繼續逼績效、當數字英雄，檢方繼續當結案機器。好一個「檢警關係」。

大家都知道，長期為了面子不顧裡子的行事會出問題，而問題也的確出現了：檢察體系被警方硬生生製造出來的數字癱瘓。見到此情況的地檢署想到的解決方法，不是要求警方上緊發條督促務實辦案、加強辦案品質，反而是鬆動偵查指揮關係，明裡暗裡地以「減少警方報指揮案件數」的方法，透過檢警高層之間的各類暗示，或由檢方高層進行所謂的「退指揮」，讓基層員警處理涉及重大法律爭議、需要令狀以及檢察官緊急協助的案件時，盡可能由基層警察「自己處理」，不報檢察官指揮。於是諸如搶銀行、盜採砂石與盜砍林木等國土保育與環保案件，警方在承辦時也不報指揮、自己處理，但偏偏他們因為欠缺通盤偵查計畫以及強制處分令狀，在合法性與證據品質上出問題，案件送到內勤檢察官與承辦檢察官手上時，後端往往收拾殘局收拾得頭痛不已，本來應該要好好調查的案子，常常因為程序出問題、證據不及保全而飲恨無法起訴。

媒體曾報導過一個經典案件，報導內容是知名滷肉飯的「千金」險些遭人擄走，[22]該轄區分局通知嫌疑人到案後，竟然突發奇想，想要在警局裡拘提犯罪嫌疑人，但檢方認為警方的拘提程序有問題、不符拘提要件而駁回警方的違法聲請，結果嫌疑人被釋放後跑得不見蹤影。據報載，該警局長與分局長於媒體詢問時，對釋放嫌疑人的結果以「檢察官見解不同」、「只能說檢察官是偵查犯罪主體，也尊重檢察官見解」作為交代，然而仔細看下去，卻會發現檢、警見解的不同點，還有警方偵查被檢方認為不符要件的原因，其實是因為警方不報檢察官指揮，自己硬辦，偏偏程序又嚴重不合法。

依照該警局長對媒體的說法：「員警第一時間急著抓人，加上對象還不明確，因此雖有成立專案小組，但沒有報請檢察官指揮。」在「對象不明確」又沒有報請檢察官指揮的狀況下，到底要如何「逕行拘提」呢？只要稍有常識便可知道，要聲請拘提犯罪嫌疑人，首先我們要先特定那個嫌疑人是誰。在根本不知道嫌疑人是誰的情況下，到底是要怎麼抓人？攸關人身自由的拘票，檢察官難道可以為了警察辦案方便，在連犯罪嫌疑人是誰都不清楚的情況下，先開個幾張「空白拘票」，再讓警察用那些票隨意拘提路人甲乙丙嗎？警方如果認為這種做法可行，究竟依據的是哪個法條，要是有人在天涯海角找到，拜託一定要告訴大家！

再說，這種顯然有違法律規定又不符合偵查實務常識的說法，一個直轄市警局長，竟然如此輕率地就說給媒體聽，還上新聞，這是何等荒謬呀？

警方面對媒體的這種說法，或許可以欺騙不懂法律與偵查的大眾，但只要對於法律稍有涉獵與相關知識者，都可看出問題所在。而這也是我過去在新北地檢署服務時常見到的問題：在「對象不明確」的情況之下，警察急功近利想要「破案」，但又不敢扛下緊急拘捕[23]的責任，或是根本不符合緊急拘捕的要件，便想方設法以半哄半騙的方式「通知」對方到警察局，等做完筆錄後，再突然在警局內「拘提」人。[24]實務上甚至發生過，警察因害怕被檢察官發現拘提不合法，因此在拘捕文書上登載不實的拘捕時間與地點的違法案例。

22〈擄板橋滷肉飯千金犯嫌跑了　新北警長陳檡文：檢察官是偵查主體〉，聯合新聞網，二〇二〇年六月二十日。

23 刑事訴訟法第八十八－一條：檢察官、司法警察官或司法警察偵查犯罪，有下列情形之一而情況急迫者，得逕行拘提之：一、因現行犯之供述，且有事實足認為共犯嫌疑重大者。二、在執行或在押中之脫逃者。三、有事實足認為犯罪嫌疑重大，經被盤查而逃逸者。但所犯顯係最重本刑為一年以下有期徒刑、拘役或專科罰金之罪者，不在此限。四、所犯為死刑、無期徒刑或最輕本刑為五年以上有期徒刑之罪，嫌疑重大，有事實足認為有逃亡之虞者。前項拘提，由檢察官親自執行時，得不用拘票；由司法警察官或司法警察執行時，以其急迫情況不及報告檢察官者為限，於執行後，應即報請檢察官簽發拘票。如檢察官不簽發拘票時，應即將被拘提人釋放。檢察官、司法警察官或司法警察，依第一項規定程序拘提犯罪嫌疑人，應即告知本人及其家屬，得選任辯護人到場。

24 編注：除了有法定緊急情況的緊急拘捕外，原則上必須先以被告的犯罪嫌疑事由與證據向檢察官聲請拘票，再持有強制力的拘票拘提被告，這樣的合法程序是為了保障人民的人身自由不受恣意侵害。

偵查中由於事實與證據的不確定性，情況是瞬息萬變的，而法治國家《刑事訴訟法》的精神是，依照當下的客觀情況及經驗，採取合法的偵查手段。至於被害人的身分是什麼富豪千金、家中經營滷肉飯事業等，都不是得以採取違法偵查手段的「特別待遇」理由。

這件案子裡，受媒體質疑的警方，將嫌疑人逃匿的結果，歸咎於檢察官不批准拘票而導致「放人」，疑似想把一切怪到檢察官不照顧「檢警關係」上。與其如此，為何不好好探討當初自己不得不「放人」的原因呢？再說，該警局長與分局長連袂向媒體宣稱「檢察官是偵查主體，法律見解不同」，但令人疑惑的是，在這個案件中，繞過檢察官指揮的警方，真的有把檢察官當成偵查主體嗎？不管怎麼看，他們都比較像遇到媒體質疑又不知如何應對，只好把檢察官推出來當成擋箭牌。如果他們真的這麼「努力」、「重視」本案，怎麼不循正常管道報指揮，反而自以為是的亂衝一通、在警局裡亂拘提人？

面對警方不符合要件的拘提要求，「放人」其實是「檢警關係」下，長期以來檢方幫警方收拾善後的方式。默默把人放了，可以大事化小、小事化無，因為實務上，真的會去爭執警察拘提合法性的當事人，其實並不多，很多不了解法律的當事人並不知道自己面對的程序不合法，還以為自己被放走是「賺到了」，歡天喜地的離去後，也不會計較程序的合法性，也不會向警方追究賠償責任。

我過去擔任檢察官，很多時候明明高度懷疑被告有犯罪嫌疑，但因為發現程序違法，不得不忍痛咬牙做出駁回拘提、放人的決定。這不是在為難警方、傷害什麼「檢警關係」，而是在避免後續可能出現的重大錯誤，或是程序上不可挽回的結果。我會依照檢察官倫理規範的督導義務，當面或以書面指責承辦單位的程序問題，只要稍有一點法律素養、偵查經驗的員警，大多都能了解問題所在，並感謝檢察官協助善後。上述案例中自己程序不合法還把錯怪到檢察官身上的警察，為我們展示了被新聞秀場與績效功獎沖昏頭，甚至把違法當成必須手法的警察們是什麼模樣，令人唏噓，也令警界內部懂法的警職人員尷尬。

再以合法性風險高、執法危險性也高的「誘捕偵查」為例，此種偵查方式最常出現於毒品、槍砲等案件，警方通常要喬裝成買毒、買槍彈者，與販賣毒品與槍砲的被告交涉，除了在法律面上有許多應注意的程序細節外，對於第一線執法員警而言，也承擔很高的人身安全風險。因此在許多地區，如果要採行此類偵查方式，警方明文規範必須以書面報告上級列管，由偵查隊報請檢方指揮，地檢署檢察官也提前介入，進行法律面的指導與程序上執法風險的控制。然而在某些自稱「檢警關係」良好的地區，此類案件反而是由「第一線員警」自己來，甚至有很多根本沒上簽呈讓分局主管知悉，員警就自己與販毒被告交涉的危險狀況。

究竟「檢警關係良好」的轄區的警方，什麼時候會找檢察官「報指揮」呢？大家一定猜得出來，答案當然是在專案績效期間。在那段時間，警方各單位會踏破地檢署檢察官辦公室的門，使得門口宛如清明上河圖般熱鬧，堪稱奇景。

我們到底要這樣扭曲的「檢警關係」做什麼？衝了分數、場面、破案率，換來的是罔顧法律、私下交涉的辦案模式，而且基層員警的生命與身體安全因此遭遇更大的風險。人身安全與法治國原則，是幾個獎勵和獎狀就能抵的嗎？

「小鴿」的第一張搜索票

一個真正有心辦好案的人，想的是怎麼求進步；他追求的不是表面上數字遊戲般的績效，而是成就感、責任感、是在正當法律程序中竭盡所能地發現實體正義的熱血靈魂。檢察官的工作，就是帶領著這群願意認真辦案的司法警察，一起實現程序與實體正義。我曾收過一則訊息，內容是這樣的：

檢座您好：

您可能不記得我，我看了您的臉書潛水很久鼓起勇氣寫這封信。我是○○分局○○派出所剛分發沒多久的小鴿。[25]其實我很羨慕那些常常線上查獲的學長，也很想趕快自己獨當一面辦案。學長都說票很難請，可是我有時覺得沒有搜索票辦案很有風險，有時也不知道學長說的執法方式到底對不對。

好不容易在今年×月有件案件覺得可以發展，所以去請票，但當時不知道為什麼被法院打槍，第二次遇到您，我不知道您還記不記得。您才翻卷翻了幾頁馬上抬起頭瞪我：「你老實說，之前是不是請票被駁過票？」我回答是，回答昨天請票才被駁，您問我：「駁票理由是什麼？那你一天內補了哪些證據？有按照法院的要求補足嗎？」我說沒有，結果您就指責我：「身為一個警察怎麼可以辦案這麼敷衍草率？你以為你闖得過我這關嗎？」把我電了一頓，講了一些我當時有聽沒有懂的問題，然後給我半頁A4的駁票理由還有一大堆要補正的內容。

我回去以後跟其他學長講，有學長笑我：「今天就是×股值班你還去，明天再

25「警徽」為正面展翅之金黃色警鴿，因此很多警職人員自稱「鴿」，例如在警專內念書或甫畢業分發的員警自稱「乳鴿」、「小鴿」，稱呼資深員警「老鴿」，臉書亦有不少警職人員成立以「鴿」為名的粉專。警察與檢察官私下交談或對話時自稱「鴿」也是常見的。

闖一次啦！」我隔幾天影印卷再去，結果又被法院打槍。當時我覺得信心都沒了，我有考慮依照您駁票理由所列的幾點補正理由來做，可是跟學長討論後，大家都說太麻煩，叫我乾脆放棄。

過幾天我剛好跟另一位學長跑地檢署，遇到另一位檢座指責學長資料整理得不好，聽到那位檢座跟學長說叫他看看您的一篇臉書偵查報告寫作方法，我就跟著開始默默潛水看您的臉書了，我看到您有一篇寫搜索三要件、監聽四要件，還有一篇寫偵查報告寫作方法，我就想說那件之前被打槍三次的案件說不定可以再試試看⋯⋯我就重寫報告，在×月×日請票過了⋯⋯。也許在檢座眼裡覺得只有一張搜索票、這樣的量是小案，沒有什麼特別的，但這是我第一次自己請到搜索票的案件⋯⋯

這位聲請到人生第一張搜索票的員警，在第二次被我駁票時，我交給他一份電腦繕打的理由書，除了附記駁回理由外，還附上偵查建議、補正方法、偵查技巧。當時他可能對聲請搜索票的要件，還有歷次法官、檢察官說明的理由一知半解，但他努力學習了法律的要件，並嘗試更正、補正調查方向，最後成功透過合法的有票搜索方式，找到了證據。

這位員警也許未來不一定是個擁有高績效、仕途如意的警察，但我相信他會永遠記得被駁票三次後，終於成功請票的成就感，還有「偵查魂燃燒」的痛快。就跟我永遠記得自己分發沒多久後指揮的一件專案一樣：拿到四張票同步搜索、第二波取得共七張搜索票，經歷挑燈夜戰的三天三夜馬拉松辦案，最後法院裁定羈押被告，而最初否認犯案的被告，也因證據明確而坦承、起訴判決迅速定讞的感動。

相較之下，也有一群警察，認為檢察官和警察之間需要的不是正確的程序，而是相互給「方便」的「檢警關係」，用的是一些遊走法律邊緣的「技巧」來賺取績效，拖累隊友、搞砸案件。不過，他們就算僥倖得到了績效、欺上瞞下得到長官的「賞識」，他的案件也是斷簡殘篇、斷頭斷尾、甚至換來大量的不起訴處分、無罪判決。身為執法人員，他們的人生目的，也許就是追求自己的升官夢吧。

可是，我們真的值得為了升官發財，丟掉自己的靈魂嗎？

短視近利是人們的通病，很多人看到眼前的狀況，覺得為什麼要多做事讓自己變累，卻沒想到，如果人人都只因為怕累，不願意提出治本的方法，與同樣具有理想的同道一起努力推動改變，只想著在惡劣情況不斷浮沉中得過且過，這樣年復一年的惡性循環，將導致浮濫移送案量更大、案件品質更差，再加上錯誤的「檢警關係」太過良好，導致大家更累。

地檢署的案件量龐大，認真工作的檢察官與職員，大多有喘不過氣的無力感。在一級戰區的地檢署，每位檢察官平均每月必須終結七十至一百件不等的案件，這種過勞的文化催逼著整個地檢署不斷開庭、產出大量結案書類。也因此，偵查中一些細緻的問題很容易被忽略了，每每討論起處理案件的程序規範、法律問題，大多數人的答案都是這些做法雖然有疑慮，但只知道「向來如此」，而不是質疑「為何如此」——這樣的文化是正確的嗎？

過去，在卷山卷海裡浮浮沉沉的歲月中，我最害怕的，正是心中時不時萌生「隨便結一結就好」、「程序問題就當作沒看見」的小惡魔，在逐漸惡化的體制中，要跟這樣的惡魔戰鬥，需要高度的自制力。同理，在與績效專案的惡鬥中，警察也需要堅定不移、不受利誘的心。

身為執法人員，行使公權力時，應該在憲法、法律、內規當中，一層一層找到自己執法的依據，而不是只有「長官說」、「學長說」、「向來如此」，甚至「記者說」、「民代說」、「績效說」、「功獎說」等，但卻從不思考以上「各家說」的法律依據。

各位警官，還記得自己穿上這身制服的初衷嗎？

縱然我們在現實中，對被政客亂定一通的體制、扭曲的績效制度、荒謬的升官圖失望透頂，但請永遠相信法律、相信理想。也請記得，如果有朝一日，你上位成了中階甚至高階警官，不要成為現在的你所鄙視、用基層血汗來鋪自己升官路的大官。

我們真的那麼絕望嗎？

我常常聽聞基層員警，甚至中高階警官有類似的抱怨：在處理個案問題時，本於法律規定、在學校所學、內部規定的SOP執法，卻因不明原因受到長官「關照」，要求以於法無據、違反程序規定的方式來「聽命辦事」。

相信以下情況是不少警職人員都有領教過的共同經驗：當基層員警報告法律見解，或是對於個案的專業意見時，長官竟然回以：「叫你做什麼就做什麼，你廢話那麼多幹嘛？」這種不附法律理由，充滿權威的上級命令。

我過去擔任檢察官期間指揮案件時也有類似的經驗。檢察官與承辦員警討論的偵查計畫，常常與承辦員警的上級基於專案績效、功獎或是「其他難以明言的考量」下的指令相左。此時，承辦人便必須在「為案件發展好」與「不要被上級責難」之間左右踟躕、難以抉擇。面對此種狀況，檢察官雖然身為「法律規定」的偵查主體，但真正在現實裡卻往往淪為一場笑話，偵查主體的指揮動能在各種上層壓力、專案績效的左右下，就像是紙老虎。

警界向來有服從的傳統，但發展到後來，卻把「服從合法指令的義務」，誤當成盲從、屈服於上級不講法理、不合程序的命令。在這樣錯誤理解服從義務的文化下，演變成不尊重專業的「官大學問大」亂象。

從事一項工作的專業，關鍵在於專業教育與訓練、對於法規與標準作業流程的嫻熟、對於個案的掌握及經驗。愈是複雜、危險、情況多變的案件，愈需要不同專業的人才進行團隊合作與分工，而正因為每個角色都各有所長，所以尊重彼此專業，發揮各自所長是非常重要的。這也是在實務上遇到重大專案時，大多要事先開會討論、擬定偵查計畫的原因，因為依照計畫的專業分工內容行事，能夠避免風險、有效率達成目的。然而，警界官大學問大的運作模式，常常讓最嫻熟個案的承辦人「不敢表示意見」，或是好不容易擬定出一個計畫後，又因長官突如其來的靈光乍現而推翻，最後不僅全盤皆輸，還要面臨究責的窘境。

沒錯，員警面對的現實，就是如此艱難。但即便如此，雖然只有一點點，卻仍有改變的希望。

二〇一九年二月，一則新聞報導指出，民眾K在新北市三重區因超車問題引發另名車主L不滿。L拿出一把空氣手槍對K比畫，K見狀害怕是真槍，於是報警處理，警方派出數名員警到場並以恐嚇罪名逮捕L，員警通知K配合回警局以證人身分接受詢問，沒想到K到達派出所後，被L反咬一口提告恐嚇，派出所副所長下令要求員警「在派出所內」逮捕K，讓K甚為錯愕。

這則新聞中那段「承辦員警拒絕副所長命令」的情節具有高度啟發性，值得我們關注。

依《刑事訴訟法》第八十八條第二項規定，所謂「現行犯」，是指犯罪在實施中或實施後即時發覺者；至於所謂的「準現行犯」，依同條第三項規定，係指被追呼（追趕或呼喊）為犯罪人；因持有兇器、贓物或其他物件，或於身體、衣服等處露有犯罪痕跡，明顯可疑為犯罪人者，而依照學說見解，還必須要有時間與空間的密接性，且有保全證據、防免逃逸之必要，而得逮捕。

這件行車糾紛發生後，數名員警前往現場，並沒有任何員警看到K有恐嚇或其他犯罪行為，且依照現場狀況，是K被L持空氣槍恐嚇，因此於下午四點十分左右以證人（被害人）身分通知K到派出所製作筆錄。

事情古怪之處就在於，該派出所副所長在派出所內聽完L一方的說詞後，在晚間十點多，明知配合警方通知在派出所製作筆錄的K並非現行犯，卻命令下屬「在派出所內」逮捕K。當時在派出所內的幾名員警非常清楚這個逮捕命令違法，集體鼓起勇氣勸阻上司，沒想到副所長不聽勸阻，還命令其中一名員警在逮捕通知書上填寫錯誤的逮捕地點，甚至將逮捕時間「回溯」到下午四點多，而這種「回溯大法」的記載，就像我們在上一章「騙票案」講過的，是不折不扣的公務員登載不實，是犯罪行為。

警界向來都有「上命下從」的文化，但這次，該所數名基層員警沒有聽從違法的命令。他們提醒副所長，本案非現行犯不應逮捕，並且集體不服從違法命令，拒絕在不實的逮捕文書上蓋章。

副所長不知道哪來的勇氣，即便見到下屬集體不服從，竟然還敢拿自己的職章在內容不實的文書上蓋章，堅持逮捕K，並要將他解送地檢署，導致K被剝奪將近一日的行動自由。K發現茲事體大，請家人協助依照《提審法》規定，向法院聲請提審，並委任律師對副所長提出告訴。

這個案件經檢察官偵查後，認定副所長涉及行使公務員登載不實文書、公務員假借職務上權力故意犯剝奪他人行動自由罪，因而起訴副所長，副所長於是因「公務員假借職務上權力故意犯剝奪他人行動自由罪」，被處有期徒刑三個月，再加上「行使公務員登載不實文書罪」，又處有期徒刑一年。最後，因為副所長與被害人達成和解，法院給予緩刑三年的寬典。

在這件案件中，五名基層員警當下集體敢於拒絕違法命令。他們的信念及勇氣，證實了每個執法人員在實踐「唯一服膺法律」的小小行動當下，警界的盲目服從性及官階大於法律的陋習，已悄悄被打破了。然而要像他們那樣憑著對於法律的信念，不服從違法命令、作證說實話、依法行事，做一名執法人員該做的事，卻往往要承受巨大的內部壓力。

二〇一八年，擔任新北地檢署檢察官的我，曾受指派擔任新北市警局上半年度《警察職權行使法》法規講習的講師，總計五梯的課程，參與員警總計千餘名。

我在每一梯課程的最後幾分鐘，引用政治學家漢娜．鄂蘭的名言：「在政治中，服從就等於支持。」提醒所有在座的員警：「警徽與制服代表的是法治國的榮耀，警察唯一服膺的，就是憲法與法令，對於上級違法的命令，你們沒有服從的義務。」「在服從的同時，請確認你們支持的到底是不是法律與良知。所謂的正義，是透過程序正義發現的實體正義，而不是服膺政策、績效、鄉民式的素樸正義。」

當時我的這些公開發言，據說引起了一些議論。有人排斥我「破壞檢警關係」、「動不動跟上級對槓」、「不挺自己人」等做法，甚至批判我「公然帶壞基層員警」。然而，也有不少人願意堅信法治國公務員的使命，並且默默地將信念付諸實行。

在網路上評論了這件「集體不服從」案件之後，我收到了一封訊息，來訊者正是事件中的基層員警之一。他告訴我，他是當時我在新北市政府警察局的學員，聽了我所倡議的「公務人員只能依法行事」、「違法命令不應服從」的理論並付諸行動，然而在實踐過程中卻遭遇與理論不符合的體系陋習問題：「案發後的一段時間，我背負了莫大的壓力和黑名，今天看到檢座的文章給基層鼓勵，我一定要跟檢座說聲謝謝！社會還是有公理的。」

「社會還是有公理的。」這樣短短的文句看似雲淡風輕，但只要對警方體系文化有一點了解，就知道他們承受了多大無法對外人明說的壓力。

這幾位抗命的基層員警，或許不了解自己當下本於法律良知的行動，對於法治國原則的捍衛，具有什麼樣的意義吧。

他們處於體系中的基層，看似不具有最終決策權，在這件案件中，對於違法的逮捕決定無力回天，但他們的勇敢、不隱匿，協助司法讓事實得以真相大白，也讓不少司法人員與法律人讚嘆。更重要的是，他們的行動告訴我們，在這麼歪斜的體系裡，在強力要求績效的環境下，在人人都覺得圖方便的「檢警關係」才是正途時，只要個人能夠持續做出微小的抵抗、堅持做對的事，我們就還有希望。

各位警官，記得《警察人員人事條例》第七條，初任警察官時宣示的誓詞嗎？

余誓以至誠，恪遵國家法令，盡忠職守，報效國家；依法執行任務，行使職權；勤謹謙和，為民服務。如違誓言，願受最嚴厲之處罰，謹誓。

第三部

媒體幻象

第九章
失控的第四權

談了檢察、警察體系，接下來要討論的是與這兩個體系看似無關，但在實務運作上卻密切相關，更和所有人日常生活密不可分的媒體。

媒體常被人們稱為「第四權」，是因為他們以新聞自由的權利監督著負責行政、立法、司法這三權的政府。然而，在現在這個人手不只一螢幕，資訊流量大得令人無法招架的時代，掌握「第四權」的媒體，不知不覺間，已經長成了一隻失控的巨獸了。

媒體左右了我們看世界的角度，也左右了我們思辨的方式，更重要的是，當媒體從業人員為了追求點閱率、收視率、獨家報導，對真相的面貌有所取捨，甚至刻意隱匿時，便可能會有大量觀眾在錯誤的資訊中茫茫然，甚至成了被騙的傻子。

曲解現實的洪荒之力

一般民眾首次接觸到各種案件的管道就是媒體。媒體是決定國民是否能夠正確、理性理解司法文書的因素之一，更是建立全民法律素養的關鍵。

只是一起案件的背景、事實、證據，新聞報導靠有限的文字篇幅很難道盡，大多數民眾看到的都是記者再現過的資訊，中間經過了轉譯，而且臺灣媒體迫於商業上的壓力，為了吸引讀者目光、追求點閱率，常常在新聞報導裡使用充滿情緒評價的誇大詞彙，例如「爽」、「怒」、「慟」、「人神共憤」等，本應陳述客觀事實的報導內容，不時會呈現得宛若情色小說、恐怖小說甚至科幻小說。在這樣的情況下，人們雖然看到了新聞，卻未必消化了正確與充分的資訊，也不見得會有經過理性思辨後的討論，因為大家看到的通常比較像虛構作品、八點檔連續劇，而不是事實。

弔詭的是，雖然新聞這行的不被信任度在過去的調查中始終榜上有名，可是大家嚷嚷著不相信媒體，一旦碰到司法文書陳述的過程與結論「不符合期待」、「和想像的有落差」時，卻寧可相信記者撰寫的劇情，也不願意相信經過嚴謹調查並適用法律後的司法文書內容，恐龍法官、恐龍檢察官就在這種背景下產生了。

到底為什麼會這樣呢？

如果讀者有關注同一個案子後續發展的習慣，會發現很多上新聞的案件，最初的面貌、中途的發展、最後審判的結果，往往是兩樣情，之所以像前文說的「不符合期待」、「和想像的有落差」，那是因臺灣媒體常在案件剛發生、未盡到基本查證義務的狀況下就搶快報導「第一手消息」，可是在媒體一窩蜂報導這些案子時，司法機關因為偵查不公開無法透露案件的真實詳情，記者只好轉而採訪案件相關人士的親友、鄰居，甚至路人，這些受訪者未必有專業法學知識、也可能只是道聽塗說，使得報導內容容易含有大量錯誤資訊，導致民眾掌握的資訊偏離法律與事實。

在網路發達的時代，這些錯誤發酵得很快，網民的討論三人成虎，假的能被報成真的，等到真相水落石出，大眾卻早已對這個案子失去興趣，然而對在案件審理過程中被外界指鹿為馬的當事人來說，傷害卻是一輩子。

例如二〇一三年淡水八里媽媽嘴咖啡店雙屍命案，最後證實與命案無關的咖啡店老闆，就是在媒體尚未釐清案件細節的不斷報導下，被貼上「殺人犯」的標籤，至今深受其擾。人們看新聞時錯愕的是這個案子「逆轉」，沒想到原本被當成殺人共犯的老闆竟然是無辜的，許多人甚至不相信司法判決，固執地以「老闆怎麼可能不知道」為由，始終相信媒體一開始的報導，認為他是在「某些恐龍法官」的「縱放」下僥倖逃過一劫，但追根究柢，一開始在證據不全時讓店長變成殺人犯的，就是搶著放消息、要曝光率的媒體。

不只新聞報導，許多電視節目也常請一些「有效果」的法律名人上節目。例如近年來就有不少律師透過誇張的網路、電視「表演」、社群媒體出盡鋒頭，但這些名人透過電視這個管道傳達的，卻未必是正確的法律資訊，所舉的案例也未必客觀、正確（有些甚至不存在，或根本就不是這些律師接觸、承辦的案例），導致民眾對司法產生錯誤的想像，甚至助長了某些歪風。例如曾在法律圈內引發熱議的「拆卷事件」[1]：起因是有位律師在臉書上貼文，表示她帶助理前往某法院閱卷，「獨留助理在閱卷室」，律師本人則到隔壁休息室裡「辦事等待」，沒想到助理竟將法院的卷宗資料拆解了（原文係稱「把卷分屍了」）。法院閱卷室職員發現卷證有滅失風險，向律師抗議，沒想到該律師竟以「如臨大敵」來形容法院基層行政職員，表示自己的助理受到「驚嚇」，在文末還稱讚這位把法院卷宗分屍的助理「對抗舊制度」、「大有可為」，引來一群網民大大按讚。

按讚的各位有所不知，所謂「閱卷」，是指律師或訴訟當事人向法院聲請閱覽卷宗與證物，以了解案情以及卷內對自己這方有利、不利的資料。法院只能依照卷宗裡

1〈「把卷分屍了！」拆卷事件中，一窺律師市場文化與倫理問題〉，鳴人堂，二〇二〇年九月十六日。

的證據資料來認定事實並適用法律，所以對司法機關而言，維護卷宗的完整性，是攸關司法公正與正確性的重要任務。因此，法律對於閱卷權人有所限制，且為了避免卷宗遭到破壞、被不相干的第三人接觸，避免卷宗滅失、被抽換、被竄改等風險，《民事閱卷規則》即明文規定卷宗「不得拆散」，且「聲請人（在上述案件中，指的是擔任訴訟代理人的律師）不得僅由隨員單獨在場影印、攝影、電子掃描或抄錄卷宗」，律師必須遵守、依照規則閱卷，這是律師應該具備的基本倫理。

這位網紅律師明顯違反閱卷規則，不但獨留助理一人在閱卷室內影印，自己跑去休息，助理還把卷宗拆開了，違反規則在先，卻不先檢討自己程序錯誤，似乎仗著自己是電視節目常客、是民眾眼中的法律名人，以自稱「幽默自嘲」的方式把一切怪在臺灣的閱卷方式太老舊、沒有效率，還上電視節目喊冤，而媒體從業人員也疑似疏於查證相關規範，偏信當事人一方說法，縱使該律師後續發了公告聲明，但隨著節目播出，民眾對閱卷的法律常識只會愈錯愈大。

像這樣一查法條就能明辨是非的事，為什麼頻繁在媒體上一路錯到底呢？

為了點閱率、收益，難道媒體從業人員就該放棄自己的良知？

這一切，值得嗎？

媒體的確有自己的倫理問題（媒體從業人員自己也心知肚明、檢討的聲浪也很多），不過扭曲事實的報導映照出來的，同時也是扭曲的司法、警察體系乃至於整個公務體系以及社會價值觀的面貌。正是這各方勢力相互「配合」，才「造就」出這麼一個正義逐漸變調、司法不受信任的社會。

擔任檢察官時，我曾經見聞過多件被媒體過度渲染的案件。承辦的檢察官與法官如果要嚴守《刑事訴訟法》賦予的使命，不只必須面對來自上級、警方的壓力，更要抵擋洪水般凶猛的輿論。

輿論的力量之大，足以將黑的說成白的、白的抹成黑的，更能賦予人龐大的權力。這股力量如此誘人，只要掌握它，就能掌握民眾觀看世界的角度，甚至能夠在一定程度上操縱大家的思想，這就是檢察、警察體系之所以和媒體糾纏不清、專業分界不明，甚至不只檢警，在其他公務體系也不乏自甘墮落的公務人員甘願一同「造假」蒙騙大眾的原因。

包著虛假糖衣的毒

只要有跟媒體打過交道的人都知道，無論是什麼事情、無論是誰，一旦被媒體抹黑，之後要澄清就是登天難，這正是媒體報導之所以可畏的原因。

媒體報導具有毀滅性的力量。司法機關長期處於動輒得咎的困境，必須耗費很多心力來處理「媒體互動」的問題。臺灣媒體掌握了民眾資訊源，再加上長期追求點閱率、「獨家」，出現了部分罔顧新聞倫理的行為，導致媒體已經不只是「第四權」，而是所有機關都畏懼的超大權力。

手握這股力量的媒體需要第一手新聞，因此要與政府高層（也包含司法高層、警政高層，例如法院與地檢署發言人、警局公關單位）、政治人物「打好關係」，政府高層與政治人物也要仰仗媒體手握的輿論力量，或至少不要得罪媒體，於是不管是檢察還是警察體系，都希望和媒體保持「互利共生」的關係，漸漸地，這種關係愈來愈扭曲，最後甚至成了機關高層進行派系鬥爭的工具。我們在前述章節提到，警察要戰功、檢察官要表現，而最能彰顯出這一切、最能讓自己在上層面前嶄露頭角的，就是負責的案件上電視、上新聞了。

記者如果想要掌握公務體系新聞，就要在體系內「有管道」，而為了打通管道，就必須向體系高層「示好」，前一章提到的辦案「英雄」就在這種背景下誕生。

媒體為了套交情，會用傳媒的力量替警方做宣傳、捧紅一些高層指示的人物。如果這些人真的是值得嘉獎也就罷了，偏偏只看績效的高層捧的常常不是好貨，例如曾任職績效戰區，因半年內破五十案受表揚，並被媒體封為「鷹眼帥警」的某員警，在被捧成下一代新星後不久，卻先「因故」被該分局督察組調離現職，後來更遭民眾檢舉「騎乘公務車載女友，途中與民眾發生糾紛後竟無故盤查民眾」。事件上網公開後，該員因此被記過處分。明眼人肯定能看出，該員警之所以能在短時間內破這麼多案子，可能是吃了專案績效大力丸「衝鋒陷陣」出來的結果，執法的程序應有許多可議之處，這樣的員警遲早要出問題，但警方高層不謹慎思考他的高標成績怎麼來的，還把他當執法成效極好的活招牌，做成美美的新聞讓大眾看。

與媒體相互為用的造神運動還不止於此。近來檢察體系不少（主任）檢察官在退休或離職後開律師事務所從事律師業務。圈內人都知道，在他們「退下去」執業前，會在檢察官任內做一些「運作」，例如聯繫交好的記者幫忙報導他們自己的各種功勞事蹟，以近似業配文的方式，打響律師事務所的知名度。最為離譜的是媒體還會化身「選舉工具」，打著獨家報導的名號，實則為特定候選人做廣告。

這類媒體與司法體系因相互交換利益為目的製造出的新聞，不是想讓民眾更了解司法機關的工作內容或勞苦，重點不是在呈現精緻偵查、案件背後涉及的社會問題、黑金案件的難題，又或是深層又晦暗的社會脈絡與偵查資源等深度內容，而是用「獨家」來「造神」，塑造出高層亟欲捧紅的緝毒、掃黑等英雄，或是高層自己。

以這則媒體的「獨家」報導來說吧：〈不滿政府年金改革羞辱軍公教 他憤辭檢察官選立委〉，[2]即是退休司法人員司馬昭之心的顯例。從新聞內容來看，報導中的這位前檢察官是位充滿正義感、人格高尚、未來一片榮景的立委參選人，但其實只要動動手進入司法院法學資料檢索系統搜尋，便可找到這位前檢察官為被告的判決。他曾因在麥當勞用餐時，為了「用餐爭位子而打人」，犯傷害罪被判處拘役五十五天，而且在一、二審判決期間用盡各種拖延招式，一件小小的傷害案件他竟拖延訴訟一年三個月，耗費大量司法資源，讓法官忙得焦頭爛額。他因此成為司法圈內知名的「打人檢察官」，然而最嚴重破壞檢察官形象的並非這件傷害案，而是這位前檢察官的辦案品質和專業倫理實在遠遠對不起執法人員的身分，不但自己兼起律師業務來，幫家人打官司時竟然還亮出檢察官身分，重點是他當時還正被法務部移送監察院，審查結果是「建議撤職」。司法圈不大，他的黑名「聲名遠播」，許多司法官、律師只要一聽到他的名字都搖頭不止。像這樣專業倫理有重大瑕疵的人卻在媒體的「獨家報導」中，被包裝成「抱著淑世理想，不管選舉結果怎樣，希望更多人認同他的理念，有機會進軍立法院」的正義之士。最後一位前司法記者實在看不下去，投書抨擊這則報導「隻字未提」這位前檢察官的斑斑劣跡：「他是在司法界混不下去，才退下去當律師，竟然敢說是為了反年改才退下去，如此欺世盜名，臉皮真的有夠厚！」[3]

看到這邊，想必很多人都在懷疑：媒體在報導這位前檢察官正義凜然地辭職時，難道沒有發現他問題大到已經被移送檢評會了嗎？

我只能說，當媒體與司法人員「關係良好」到志同道合地合開一間「餐廳」時，民眾絕對是吃不到真相的。

不只檢察體系如此，警方長期也拿公家錢以「聯誼餐敘」的名目，跟記者建立起「飲宴文化」，餐敘時吃飯、喝酒、唱歌的費用，都由警方買單。有錢能使鬼推磨，當警方違法濫權時，記者拿錢好說話，寫文章美化包裝。前述的「騙票」案就是一個例子，明明是警方在公文造假騙檢察官核發拘票違法剝奪人民的人身自由，警方卻被媒體報導包裝成維護正義、有情有義力挺同仁的一方，起訴的檢方反而是「恐龍」。

就像「檢警關係」最初立意良善，最後卻被扭曲一樣，媒體和警方維持良好關係

2 編注：這則新聞刊於聯合新聞網（二〇一九年十一月九日），在引起議論後已被刪除。

3 黃錦嵐，〈反年改「怒辭」檢察官參選？真相是犯傷害罪被判刑混不下去〉，《上報》，二〇一九年十一月十七日。

的原本用意，也因濫用而變成了警方掩蓋錯誤、欺瞞大眾的管道。

拿曾經延燒過一陣子的新北市中和警踹頭案[4]來說，該事件完整影片顯示現場的警力有五人，四名沒有犯罪的少年都被警方完全壓制、趴在地上，接著數名警員圍住跪趴在地上的少年M，其中一名警員用力抓扯著他的頭髮，逼他抬頭，大聲喝斥：「趕時間？還是趕投胎？」然後又命令趴在另一頭的少年N：「趴在那邊那個，給我過來！」N聽從指示朝警員方向走去，靠近其中一名員警時，該員警突然揪住他的衣領，將他提起並重摔在地，其他員警則情緒激動地怒斥：「過來啊！用走的咧！」此時另一名員警走向被摔趴在地且被完全制伏的N，伸出右腳狠踹N的頭頸，再次吼道：「用走的啊！」這一腳的力道大到N的頭部劇烈晃動，連出腳的員警似乎都有點重心不穩。

員警喝令N「過來」，N也乖乖走過去了，員警到底有什麼不滿？見到此情此景的附近居民看不下去，出聲阻止「幹什麼打小孩啊」，質疑警方執法過當，然而員警卻朝著樓上的居民大吼：「看三洨啊（臺語）？」「他拒檢欸！」接著集體向無辜住戶反覆叫囂：「下來啊！」「給我下來！」其中一位員警的情緒似乎完全失控，竟然指著住戶，疑似大吼：「叫你吃慶記（子彈）！」

據悉，員警執法程序出了這麼大的差錯，還有影片為證，面對執法合法性的質疑與挑戰，中和分局的高層在第一時間不是向真正具有法律專業的警官徵詢專業法律意見、自我檢討程序是否有問題，而是想盡辦法掩飾、包裝事實，企圖大事化小、小事化無。

除了後來民眾都知道的，警政署號稱警方有配備，且該案現場員警胸口確實有亮燈（顯示為有開啟、處於運作狀態）、理應開啟的密錄器「通通沒開」，[5]令人不得不質疑警方內部是否有湮滅證據的荒謬表現之外，即便四名少年並沒有構成犯罪，中和分局的長官當初仍堅持要將這個案件包裝成犯罪，想把其中一名駕駛車輛的少年移送到少年法院，甚至在部屬提出質疑時，當著眾多部屬的面說：「你不叫他們移送，你要怎麼解套員警踢人家頭的事情？你不說他們違法有多嚴重，要怎麼把球踢出去給法院？」先試圖包裝案件讓少年法院法官來收爛攤子，接下來又提議用警方的慣用伎倆，將少年個資透露給媒體報導、抹黑少年形象，英雄化警方「愛與鐵血」、「強勢執法」的形象來解決媒體關切的問題。幸虧當時有部分具有法治觀念與良知的員警指出這嚴重違反《兒童及少年福利與權益保障法》以及《個人資料保護法》，極力在內

4〈警踹拒檢少年頭　司改會籲文明執法〉，中央社，二〇二〇年四月十四日。編按：據報載，該案件起因疑為少年無照駕駛拒絕攔檢，不過遭到踹頭的少年並非違規的駕駛。

5〈中和踹頭警密錄器咧？　警政署竟答「通通沒開」〉，《自由時報》，二〇二〇年四月十九日。

部阻止，才避免發生更大的禍事。

暫且不論警方疑似湮滅證據的嫌疑，到底是什麼樣的警媒關係，才會讓警方在出現重大違紀時，高層覺得可以把未成年人的個資透露給媒體做交換，希望能夠藉此抹黑受害的少年來帶風向？

相信一路讀到這的大家，此刻腦中一定冒出了不少過去看過的新聞報導。這些報導的特點是營造「警民合作無間」、「警察為民服務」、「警察勞苦功高」，時不時還有某某分局吳彥祖、某某分局林志玲等，打帥哥、美女牌的形象宣傳。現在了解那是怎麼來的了吧？這些報導之所以被端到觀眾眼前精緻地呈現，不是沒有原因的。

後來這件踹頭案怎麼樣了呢？中和分局在提交給警政署的報告裡，強調少年四人遭攔下後不願立即下車，在車內不斷咆哮、辱罵及朝員警吐口水，警方「為展現強勢執法決心」，隨即強制他們下車。至於於法無據的「踹頭」行為，明明無論誰都能很清楚看到影片中的少年趴在地上，完全被制伏、毫無掙扎，警方竟然還堂而皇之地說謊，虛構是因為少年意圖逃逸，員警才會「以腳制伏」他。整份報告都在企圖大事化小，虛晃一招表示「認為員警執法過程核有疏失」，僅記踹少年頭的員警以不痛不癢的「申誡二次」，便將這件事輕輕放下，引起輿論譁然。

不只警界，司法界在人事調動、升遷前夕與媒體操作更是合作密切，除了第一部提到的黑函頻傳之外，檢察官裡的「有志之士」還時常玩「媒體戰」，將關係親近的媒體當成鬥爭工具。有些記者會與司法高層或特定派系相互為用，記者幫高層打敵對派系，高層則提供記者「獨家資料」。記者接收爆料換稿量，甚至誇大事件，拆成好幾篇報導，爆料者則成為「媒體戰」下的既得利益者。如果媒體藉此爆料的內容屬實，也就罷了，問題在於加油添醋的不實內容一旦澈底抹黑、弄臭目標對象，就算對方是無辜的，在媒體操作的巨大力量下，幾乎不可能澄清。在司法史上，還不少認真有為的司法人員因此中箭落馬、升遷無望。

其實，司法圈內人都心知肚明，哪幾家媒體已經淪為那些司法高層的公器私用工具、鬥爭工具，然而大家都莫可奈何，甚至不得不助長那些媒體偏頗或不實報導，作為人事傾軋的鬥爭工具。長此以往，除了讓媒體公信力貶損外，也導致司法圈的不良風氣。

這些亂象，看似是讓某些司法人員得到利益、某些記者得到點閱的「雙贏」局面，但其實是欠缺職業道德與良心者得利，對媒體與司法而言，更是集體沉淪。有所察覺的讀者看到新聞時，只看到紛紛擾擾，卻無從判斷真實性，永遠不知道自己看到的是不是又是包裝政治謊言與司法流言的「假新聞」，而難以判斷的民眾，一看到新聞難免天真地相信或是一味盲從、做出不理性的發言與行為，「公平正義」就這樣在檢察、警察、媒體三方操作來操作去之下，淪為被虛假糖衣包覆的毒藥。

如何讓民眾正確了解一件司法事件的始末，並進行理性思辨及討論，這並不只是法律工作者的任務，更是報導司法新聞的記者的任務。

媒體報導一起司法事件時，應該要就司法文書以正確、公正並客觀的解讀資訊。如果不懂，該去請教司法機關的發言人，而非在一知半解的情況下自己恣意詮釋，再搭配彷彿小說般的情境撩動大眾情緒，更不該為了拿到某些好處、便利某些特定人士，特意剪裁材料做出偏頗的報導。

記者跑第一線之路艱難，在點閱率、獨家報導，甚至是贊助的金錢壓力下，良心、新聞倫理很遺憾地就跟執法人員的依法行事、確守程序正義一樣，成了最基礎，卻也最難達成的事了。

第十章
跨越倫理界線

檢察官被賦予獨立性使命，也有高度的身分保障，只要依法執法，「理論上」面對民意代表、政務官，應無所畏懼，至於媒體亦然。如果司法記者因偵查不公開而拿不到「獨家」，對該檢察官的案件撰寫惡意、扭曲的報導，面對此等亂象，該反省的是記者的素養、民眾媒體識讀的能力，以及地檢署發言人澄清的能力，而不是嚴守偵查不公開的個別檢察官。然而，這是理論，與實務的真實運作有著鴻溝般的距離。在實務上，警察與檢察官之間除了為維護「關係」而衝突頻頻，兩方都還必須和擁有幾乎壟斷大眾「知」的管道的媒體低頭。

事實上，不只是檢警，幾乎所有公部門對待媒體都是小心翼翼得很，因為媒體掌握的資訊具有廣大流通性，可以透過電視、網路、平面報紙或雜誌，引發民眾對於特定事件的關注與評論。這本來是媒體作為監督、制衡公部門力量的可貴之處，但卻在媒體倫理在實務運作中的不當扭曲下，成了籠罩檢察官、警察、乃至於所有依法執法的公務人員，揮之不去的陰影。

來去自如的司法記者

司法官學院的師長們都會殷殷告誡學員，案件應由司法機關發言人發言，不宜由檢察官擅自向記者說明案件。法務部也早有規範新聞處理注意要點，比如檢察機關就偵查案件的發言，應該要指定新聞發言人並設新聞發布室，統一由發言人或其代理人於新聞發布室發布，規範採訪時間。

我在司法官學院結訓，初分發至澎湖地檢署任檢察官時，澎湖地檢署全署加上主任檢察官僅有四名檢察官，除了一樓大廳洽公與為民服務樓層，均有門禁卡管制，且嚴禁記者、閒雜人等前往檢察官、法醫辦公室、紀錄科辦公室等樓層，僅有司法警察、與檢察公務有關之人，經檢察官允許後得於法警室登記姓名並領取訪客門禁卡前往辦公區域。絕大多數地檢署也都採取這樣的門禁規定，以符合法務部的規範。

然而，並非所有實務運作皆是如此。以北部某些地檢署的媒體互動狀況為例，司法記者不但可以「自由出入」檢察官辦公室詢問案情，還可以逐一詢問公告偵結的案件，甚至會詢問尚未偵結的案件。地檢署偵查終結公告的案件，並不等於已經確定（例如告訴人可能會針對不起訴處分聲請再議），適不適合由個別檢察官回答記者問題也有疑問，更遑論還沒有偵結公告的案件，怎麼可以透露給媒體呢？

除了司法記者與檢察官平時太過密切的關係，記者在某些「名人」涉案經警逮捕解送地檢署時，拼湊各種不知哪來的腥羶色消息並大肆報導後，為了想要再挖多點料，還會群聚在當日內勤檢察官辦公室裡「當面詢問案情」。檢察官辦公室裡的卷宗堆積如山，卷宗封面上還有被告姓名、案由，這些都是偵查不公開的範疇。記者這樣堂而皇之自由進出檢察官辦公室，意味著記者很可能有機會看到卷宗封面，知道何人涉犯何罪、正在被偵辦。

之所以會出現這種媒體記者自由進出檢察官辦公室，完全不迴避的「奇觀」，就是因為某些檢察機關「畏懼」稍有不從會遭媒體進行「報復性」的醜化報導。在這樣的壓力下，公家機關只好配合記者濫用「新聞自由」，放棄偵查機關對辦公場所的管制權。

相較於澎湖地檢署的門禁森嚴，調任新北地檢署後，我便發現那裡的記者個個身懷「破解門鎖」的絕技，竟可以在樓層有門禁卡管制的檢察官辦公室區域裡來來去去，甚至隨意進出檢察官辦公室。

我曾拒絕回答找上門來的記者問題，請他離開我的辦公室，去找地檢署新聞發言人。孰料，某些有心人不但不反省新北地檢署這個「便利媒體」的「傳統」是否合乎規定、合宜，竟然還將我後來在臉書與群組裡針對此事的不公開貼文，以及其他同事在這則不公開貼文下的留言截圖傳給記者，記者便憑這則「內部線報」去跟襄閱主任檢察官告狀，甚至揚言要「修理」我。

被記者告狀的我，認為問題出在襄閱主任檢察官沒有好好善盡發言人的義務。原本該由他作為對外發言的管道，告訴記者可知的消息，怎麼反而放記者自己去找檢察官打探呢？這不是違反了法務部的要點規定嗎？

在長期訴求與媒體維持「良好關係」的環境下，聽聞此事的部分同事竟認為要求記者離開檢察官辦公室的我是「不知好歹」、「不知入境隨俗」，並進一步表示記者進出辦公室是在給檢察官「表現」的機會，好像見到記者找上門來的我沒有千恩萬謝很不應該；還有學長大方向我們分享他「操作媒體的技巧」、自己如何告訴記者有趣的案子，甚至還幫記者下新聞標題。

當時，一位長官就此事找我談話。

「妳的『問題』在於妳是個無法被體制規訓的人，在這個體系內，我們都知道什麼是事實，然而說實話是要勇氣的。」

「如果沒有人說實話，要怎麼進步？」我提問。

長官回答道：「是的，這些實話需要有人說，而且應該讓沒有包袱的年輕人說。」

我則反問：「但是這些說實話的壓力應該由我們扛嗎？」

在我的堅持下，地檢署上級面對司法記者的施壓，轉而要求並警告我：「既然妳不准記者直接問妳，那妳這股以後的結案書類就要全部都要求書記官隱去個資後，製作媒體版交給地檢署發言人，妳自己也要小心妳的案件被記者放大解讀。」

對於這樣的要求，我無所畏懼，但我知道，上級這樣的做法，是藉由增加配股書記官的工作量，透過書記官在紀錄科的抱怨與流言對我施壓。

當時有幾位同事笑我傻，說我「何必用自損一萬的方式來殺敵三千」。但最後我並沒有「自損一萬」，因為事實證明，根本沒有記者有耐性閱讀每個月數十，甚至上百件枯燥萬分的書類全文，最後不了了之。書記官沒有如預期的增加到多少工作量，我也沒有因此遭媒體報復。

這個抗爭的過程，讓我看清了現實與理論的距離，也深刻體悟到：一個人如果要在數十年來如一日的體系中對於權力無懼，前提是他要先對權力無欲。

從歷史經驗中我們能深刻了解「新聞自由」有多重要。所有修過大學《憲法》課程的法律系學生都知道，一旦言論自由與新聞自由遭到不當的限制，將斲傷好不容易爭取到的自由民主價值，也因此司法體系長期以來謹守《憲法》、大法官解釋楬櫫的新聞自由標準，這也是為何大多數提告媒體妨害名譽的案件中，當個人名譽權遇上新聞自由時只好退讓，記者大多都獲得不起訴處分的原因。

然而，《憲法》為了公益、為了民主自由，給予記者高度的新聞自由保障，時至今日，卻有不少忘了責任的記者像上述那樣，不知尊重自己的權利／權力，跨越了倫理的界線，使新聞自由與知的權利成為「修理」不配合的司法官署與司法人員的武器，甚至導致某些檢察機關「放棄」機關的門禁管制權，不少檢察官也迫於媒體的力量，在不得已之下只好配合（當然，也有一些逐利之士樂於有這種上媒體的「表現機會」）。

記者不只進出地檢署恍若逛自家後院，他們出入警察局的頻率更是高得可以，有人甚至整天都泡在裡面「駐點」。警察和記者這樣的良好「關係」，反映在一篇又一篇在理應遵守偵查不公開原則的偵查期間卻洩漏內部消息做成的新聞上，也反映在一場又一場表彰警察功績的記者會上。警方公關單位提供員警密錄器、警車行車紀錄器甚至卷證照片給記者，由記者進行「選擇性報導」，這是再常見不過的事，民眾觀看、閱讀新聞時，之所以能看到同一個案件每天都有那麼多的「突破」，這不見得是因為辦案辦得很順利，而是有部分公務人員為了某些目的，或害怕被記者「修理」因而違背倫理，向司法記者通風報信、自動供給情報的關係。

我曾在受媒體諮詢關於「偵查不公開」的意見時，對此情況表示：「檢警疏漏、媒體亂象，當然是大問題。但一件命案發生了，給警方最大破案壓力的人是誰？是民眾。命案可能才公布十個小時，大家已經在檢討警察辦案不力，警方只好不斷釋出進度。」[6]

是的，民眾熱愛刺激、嗜血、追逐案件進度、在網路上一窩蜂的鍵盤柯南行為，甚至因此展開參與號召圍事的實際行動，正是完整這扭曲迴圈的最後一個關鍵。對外必須向大眾交代案件、對內要邀功論賞的某些偵查人員；努力滿足觀眾需求、衝點閱率衝得違背倫理的媒體；愛看熱鬧又喜歡妄加評論、對司法單位指手畫腳的民眾，三者成了緊緊相連的圓環，互咬互扯、互相戲弄，然後一起墮落。

6〈撕不掉的殺人標籤　我們曾被誤認為兇案嫌犯〉，鏡傳媒・鏡相人間，二〇二〇年四月七日。

偵查不公開是什麼？

我在前文提到好幾次，案件在「偵查不公開」時無法提供太多資料給媒體。但為什麼明明不應該公開的資料，還常常會被透露給記者做新聞呢？難道這沒有違法嗎？其實《刑事訴訟法》第二四五條的規定很簡略，僅明文規定偵查不公開以及除了依據法令，或維護公共利益，或保護合法權益有必要者外，偵查中因執行職務得知的事項，不得公開或揭露給執行法定職務必要範圍以外的人員。乍看之下法條規定得非常抽象，也沒有具體指明哪些事項應該是祕密的範疇。

探究偵查不公開的範圍，應該緊扣以下的原則目的：

1. 保障被告人權、避免在未審前就被大眾媒體預先斷定審理結果。
2. 避免偵查程序碰到阻礙，以免被告、潛在被告或第三人事前得知檢警偵查的方向、湮滅證據。
3. 避免民眾過度揣測，製造司法人員不當壓力與心證的影響。

基於以上目的，司法院會同行政院訂定了《偵查不公開作業辦法》，明白點出偵查不公開的範圍，包括偵查程序及內容。偵查程序是指從知道有犯罪嫌疑開始偵查起的偵查活動與偵查計畫；偵查內容指的是因偵查活動而蒐集、取得的被告、犯罪嫌疑人、被害人或其他利害關係人的個人資料，或相關的證據資料。不論是依照目的解釋或是依照偵查不公開作業辦法的規定，偵查不公開的範圍是偵查程序與計畫、事實與證據，以確保偵查程序順遂進行、確保被告人權。至於抽象的法律見解、理論爭議、適用法律的歧見，只要不指涉個案，並非偵查不公開的範圍。

相信一定會有人提出疑義：人民有「知」的權利、媒體有新聞自由、檢察官、警察個人則有言論自由，難道偵查不公開不妨礙這些權利嗎？

《檢察官倫理規範》第二十二條明文規定：「檢察官為維護公共利益及保障合法權益，得進行法令宣導、法治教育。」如果是不涉及偵查中個案情節的純粹辦案經驗分享、實務界與學術界的對話與交流、期刊、社群網路或投書提出制度與政策建言等，或是司法官學院、其他課堂上或活動上的舉例，這些都不算違反偵查不公開。案件如果經起訴後原則上會公開審理，媒體屆時也都可以進法庭旁聽並進行報導，但例如性侵、牽涉國防等案件則屬不公開審理的範圍。所以偵查不公開原則並非對於人民、媒體、檢警人員的言論自由進行全面的限制。

究竟偵查不公開原則與言論自由之間的分界線要如何畫分？其實只要看看以上述

三原則為主軸理論，以及司法院會同行政院令訂定的《偵查不公開作業辦法》，就會明白偵查不公開的主體、範圍、時間、以及細節規範與例外得公開的情況。

偵查不公開原則上並沒有大到全面剝奪司法人員言論自由的程度，更沒有大到禁止經驗傳承與交流、禁止學界討論或批判偵查作為、禁止討論一些偵查案件涉及的社會問題。真正違反偵查不公開的，是某些檢警調機關在案件初期、事實不明時的「非正式」對外發言，這些發言往往使媒體對於被告未審先判，或是影響其他地檢署偵查中的關聯性案件，甚至讓偵查進度提前曝光。

檢察官、司法警察（官）、辯護人、告訴代理人或其他於偵查程序依法執行職務的人員，都應遵循偵查不公開原則。這些人等從知道有犯罪嫌疑開始偵查起，一直到偵查終結為止，原則上都不能擅自恣意公開或對外揭露偵查的程序及內容。更進一步來說，除了在碰到《偵查不公開作業辦法》明文規範的例外情況時，司法人員可以透過機關發言人公開說明，其他時候都應遵守偵查不公開的規定，不能使不特定人或多數人任意知悉卷證資料以及偵查進度。

不過法條規定是一回事，警方在衝案件、新聞曝光率，甚至為了某些目的作秀時，偵查不公開往往變成偵查大公開。了解偵查不公開的原則後，大家只需仔細觀察我們平日看到、閱讀到的新聞，便會發現不少過去察覺不到，「警媒關係良好」的蛛絲馬跡。

我們習以為常的偵查大公開

「偵查中之卷宗、筆錄、影音資料、照片、電磁紀錄或其他重要文件、物品」，是明文規定絕不可公開的資料，如果有對外特別說明或澄清的必要，必須書面敘明理由、經機關首長核准，並且以去識別化方式做適當處理後，才能夠適度公開。此外，案件在偵查中，不得帶媒體一起辦案，或使被告、犯罪嫌疑人受到媒體不當的拍攝、直接採訪或藉由監視器畫面拍攝；也不得恣意發表公開聲明指稱被告或犯罪嫌疑人有罪，或對審判結果做出預斷。

然而大家平時看新聞，最常看到的是什麼呢？沒錯，就是這些資料大外洩、偵查還沒結束就宣布「結案」而「成就」的「精采」內容。

帶著媒體跑辦案現場的情況想必大家都看過，通常會出現在警方高層意圖展示執法成果時，最常見的就是警方帶著媒體隊衝轄區舞廳進行臨檢，讓媒體拍攝、報導，自己導一場作秀大戲。不過像這樣臨檢的新聞真的有壯大警察威名的效果嗎？不見得，因為面對這一場大戲，感到些許無趣的記者們，為了讓事件看起來更精采，往往關注的重點都在酒店小姐的裙子有多短、腿長不長、有沒有在補妝，滿版的搞錯重點。[7]

再例如二〇二〇年三月，新北市新店區發生一起持刀攻擊陌生路人，引起國內輿論譁然的凶殺案件。事件發生後沒多久，案件還在檢警調查期間，有一段毫無去識別化、清晰錄下犯罪過程的影片就在社群網站與媒體上流出，[8]引起民眾瘋傳。[9]

只要具有刑事司法實務經驗者，應該都可以看出該段影片顯然是由行車紀錄器錄下，且就攝影的角度看來，不難看出這應當是「被告自己的」車輛行車紀錄器錄下的完整影片。理論上，案發現場行車紀錄器會在第一時間由警方扣押，但為什麼作為警方重要證據而予以保密的偵查中證據資料，會外流到媒體手上，變成新聞不斷播放、民眾爭相觀看的驚悚影片？

這樣嚴重違反偵查不公開原則的事件，並非開天闢地第一宗。警方類似外流偵查影片的事件，或是把自導自演的「愛與鐵血」史詩般英雄影片、與緝獲的被告「合照」交給媒體發稿之類的事層出不窮。甚至往往還是在檢方完全不知情、有共犯在逃的狀況下，將連檢察官都還沒看到的證據直接洩漏給媒體，產生承辦檢察官「看到新聞才知道有這個證據」的荒謬狀況。

我也有經手過這類「看新聞比看卷宗還要快速詳盡」的案子。那是新北市樹林區二〇一九年三月發生的一起凶殺案，當承辦檢察官、同組協辦與代理檢察官知道人犯緝獲，媒體便在幾乎同一時間搶先報出新聞。我當時身為同組檢察官，才剛接到警方電話告知人犯緝獲、被告與卷宗要在晚上才能送到地檢署，但就連承辦與同組檢察官們全部都還沒看到內部完整資料的時候，警方就已經提供資料給媒體，讓記者先司法調查一步，不只卷宗內文、相片，甚至影片內容都知道得一清二楚。在人犯到地檢署之前，新聞就已刊登媒體理當不可能拿到的行車紀錄器與監視器畫面，報導裡甚至還有兩名員警與被緝獲的被告「一同看著鏡頭合照」的畫面。[10]

新聞把案件描述得離奇，彷彿照片中的警察是英雄，殊不知，這起案件最初被警方當成車禍案件報請相驗，首先懷疑這並非車禍而朝向凶殺方向調查的，是檢方——

7〈新任警局長帶隊臨檢舞廳　長腿辣妹排排站「不忘補妝」〉，三立新聞網，二〇一九年七月二十八日：「員警臨檢，舞廳小姐也排排站接受盤查，放眼望去，清一色長髮搭配緊身超短裙，露出修長美腿，有人忙著滑手機講電話，也有人趁著空檔，站著排隊也拿出粉餅補妝，趕緊整理門面……凌晨突擊查緝，員警大陣仗臨檢，舞廳小姐排排站露出美腿的畫面，也成為臨檢勤務的意外亮點。」

8〈冷血行凶影片曝光！　叼菸耍帥一刀捅死無辜騎士〉，CTWANT，二〇二〇年三月十四日。

9〈新店隨機殺人片瘋傳！宥勝「胸口好痛」　吳慷仁心碎：原來我也是個人而已〉，CTWANT，二〇二〇年三月十五日。

當時就在我的辦公室裡，與承辦檢察官討論的過程中，我們一致覺得案情有疑。當然，檢方不會跟警方「搶功勞」，因為光是收拾善後、調查證據、處理新聞所造成的風波，與承受一看到凶殺案就「罵司法」的壓力，就已經喘不過氣了。

幾年前臺南一起轟動一時，七分鐘扛走ATM提款機的竊案，也出現像上述的情況，甚至更為荒唐：[11]在檢方以串證為由聲押其中一名被告，打算繼續追查另外幾名共犯時，某市長與警方卻一起大動作開「破案記者會」，[12]鉅細靡遺向外界交代案發經過，等同向在逃的其他共犯「自掀底牌」。原本檢方欲透過已聲押的其中一名被告快速查出另兩名在逃共犯，被這場「破案」記者會一攪和，什麼都很難談了。

為了塑造辦案英雄、滿足大眾情感而破壞偵查不公開原則，影響的不只是被告權利，也會造成被害人及其家屬二度傷害，更嚴重的是，很可能阻礙後續偵查發展的可能性。

再回頭看看本節開頭提及的持刀攻擊案，依照警方事後的說明以及報導，那段影片的確是被告車輛的行車紀錄器畫面，且是檢察官命警方第一時間扣押的證據，依照常理判斷，不可能外流。對此，新店分局的解釋，是「疑有警務人員翻拍後散布至網路通訊群組」，除了暴露警方證據保全不周、員警倫理有問題，更讓人懷疑其中是否有與媒體交換消息或好處的「互利共生」。

針對影片外流，有些媒體與輿論認為「大眾有知道犯罪以提高警覺的權利」。是的，媒體的確有權利報導真相，但難道憑此就可以大肆放送偵查卷宗中的圖片、影片嗎？一定要使用血腥、暴力甚至破壞偵查祕密的偵查影片，才能報導真相嗎？民眾固然有「知的權利」，但用「提高警覺」的藉口合理化自己的獵奇心態，凸顯的是人性卑劣面；有多少人自己喜歡看熱鬧，看完以後又高喊「好怕」，痛罵「治安不好」，最後朝司法與警察機關丟石頭，責怪「一切都是司法的錯」。

面對這種「莫須有」的罪名，司法何其無辜。

當人們滿足偷窺偵查祕密、觀看免費警匪片的心理後，真能認真思考每一宗犯罪背後真正的問題嗎？又有多少人意識到，自己在社群網路中每一次的轉傳、媒體接二連三的播放，對於本來應該祕密進行以防止遭到破壞的偵查流程、被害人或其家屬的

10〈離奇車禍竟是情殺67歲老翁爭風吃醋捅死53歲情敵〉，《自由時報》，二〇一九年三月二十九日。編按：新聞內容指出「警方發現這關鍵性證據後，立即成立專案小組，將本案往故意殺人案方向偵辦」，且附有一張逮捕被告後「員警和被告合照」的照片，照片說明為：「警方稍早在柑園橋下雞寮逮獲戴嫌（警方提供）。」

11〈ＡＴＭ竊案　檢認串證警忙洩密〉，《中國時報》，二〇一六年一月十六日。

12〈偵破國內首宗ＡＴＭ遭竊案　鄭市長：感謝警察同仁用心付出，選舉期間絕非治安假期，請市民放心〉，桃園市政府新聞處新聞稿，二〇一六年一月十五日。

情緒、被告的人權造成多大的傷害？散播偵查不公開資料的媒體，到底是在報導，還是想撩動人們的情緒、恐懼？

這到底對社會有什麼幫助呢？

媒體大秀場（一）——帥哥、美女，真吸睛

為什麼執法人員不能依法踏實、精緻的務實辦案，反而辦案像在拍電影、媒體則被當成塑造英雄的廣告商？問題就在於升官與媒體行銷「密不可分」的糾葛。

大家應該都有留意到一個現象，每到選舉前夕，政府會特別密集推動「掃毒」、「反黑」等大掃蕩專案。各地檢署也總是會在法務部、高檢署一聲令下，卯足全力，派出檢察官「拍片」演戲、在活動中載歌載舞。警方也不遑多讓，上級說什麼，下屬就做什麼，真是「上行下效、風行草偃」。

檢察官參與法治宣導活動，例如下鄉前往各地中小學向兒童與青少年宣導正確的法治與性自主觀念、與各地方政府合作推動法治教育活動，並沒有什麼不對，也符合《檢察官倫理規範》第二十二條「檢察官為維護公共利益及保障合法權益，得進行法

令宣導、法治教育」的要求。

問題在於，近年來各地檢署和警察機關，都卯盡全力推出「正妹」、「猛男」牌檢察官、員警進行反賄選、反毒宣導大戲。女性檢察官露腿、露肚、男性檢察官則露肌肉、露胸毛，或是接受專訪「暗示自己單身」，[13]將專業的刑事司法綜藝化、脫離真實地戲劇化。記者則將新聞重點放在顏值、身材，網上民眾的評論，也聚焦在與法治教育無關的外貌，要說這樣作秀是為了傳達正確的法律知識，實在是牽強得鬼才會信。

媒體與群眾搞錯重點就罷了，好大喜功的高層僅看了有媒體報導、有民眾點閱，便認為效益極佳，於是這等綜藝化的大戲每隔一陣子就會上演個幾場，全國各地檢署、警察局不得不在繁重的作業之餘還要兼電影製作公司，辦案之餘忙著跳舞、演戲、拍片，在檢察官待辦案件堆積如山、每天瘋狂加班，員警忙著做日常勤務，還被專案績效弄得團團轉的情況下，這些額外的形象工作不知耗去司法與警察機關內的公務人員多少時間和精神啊。

---

13 編注：例如〈黃金單身檢察官　11年相親60次〉（民視新聞）、〈激似隋棠！正妹檢察官自曝單身中……網友暴動〉（東森新聞）；〈【女檢反賄超吸睛】桃檢正妹檢察官文武全才　讓人好想被她起訴〉一篇在報導最後強調該檢察官「目前單身」（鏡傳媒），另一則新聞〈反毒嬌點　美女檢察官忙到沒空談戀愛〉則強調報導中的檢察官「還沒有結婚」（今日新聞）。

檢察體系內部有人嚴厲批評這種媒體宣傳手法不強調專業、自我矮化、偏離重點，除了「捧紅」特定檢察官外，無法達到法治教育目的；有人則表示，之所以會有這種包裝形象的方式，是因為「媒體與觀眾喜歡」，為了行銷，司法機關「不得已而為之」。

檢方內部喜好此種做法的人不斷轉發宣傳影片、希望自己人能衝高點閱率，不苟同者大多礙於情面不好說出內心真實感受。至於法務部與檢方高層，似乎是陶醉在親檢派記者恭維「顏值」、「身材」的報導裡了，[14]檢察官定位與使命在司法大外宣前彷彿皆可拋。但「點閱率」不等於法治教育成功，曝光率更不能代表檢察機關形象有什麼提升，民眾到底是否能夠因為看了影片而有遵法意識，不再賄選、交易毒品，更是一大問題。說到底，從這些包裝精緻、透過媒體發送的亮閃閃宣傳影片裡獲得各種有形無形利益的，還是坐在高位上的高層官員。

有人說：「這都是法務部／高檢署／地檢署檢察長的政策問題，那些上鏡頭陪笑、唱歌跳舞、演戲、秀肌肉的基層檢察官們，只是配合上級的政策而已。」然而，有哪個檢察長敢明詔大號，要求特定檢察官上鏡頭演戲、跳舞？況且就算檢察體系也有像第二部提到警方「騙票」案時，說到的上命下從導致歪風盛行的問題，然而檢察官在理論上具有司法官屬性，也具有高度獨立性，如果真的有這種「命令」，身為一個有獨立思考能力的檢察官，真該「配合」嗎？

為了滿足政府高層的政策需求、營造司法機關的形象，各地司法機關各出奇招，苦的全是基層執法人員。二〇一五年，我分發至澎湖地檢署擔任檢察官時，正值法務部與高檢署要求全國各地檢署推出「反賄宣傳活動」，規畫要全臺各地地檢署展開「鐵馬環臺 反賄逗陣騎」活動，叫全國各地檢察官騎單車反賄宣導，多有新聞性啊！[15]

澎湖地檢署也不例外，必須配合檢方上級上演一場「鐵馬環澎」活動，但時值寒冬，住在澎湖的居民或去過澎湖旅行的民眾應該都知道，那裡的冬天風大到每棵樹都要歪著長才能生存，要檢察官們一臉陽光燦爛地頂著狂風騎車，著實有困難。也許是因為澎湖距離本島太遙遠，也可能是檢方高層欠缺離島的地理與氣候常識，又也許是「天龍國思維」的高官坐在辦公室裡看著地圖，想著：「欸？澎湖不大嘛！」竟提出

---

14 編注：媒體常於這類報導使用的關鍵詞有：美女、美女檢座、正妹、顏值破表、高顏值、能文能武、甜美、嬌點、靚、白皙、吸睛、某某檢之花等，並時常指稱檢察官長得像某某女星。

15〈鐵馬環臺～全民反賄　全民一起反賄逗陣騎〉，《法務通訊》，第二七七二期，第二版。內容提到：「臺北地檢署承辦法務部第九屆立法委員暨第十四任正副總統選舉反賄選宣導，結合自行車運動正向、陽光、健康的精神，首創由各地檢警調組成反賄鐵馬隊並接力環臺，於十月二十三日上午自法務部廣場誓師出發，預計十一月二日（星期一）下午三時返回法務部，為期十一天，以騎自行車接力繞行全臺方式宣導「檢舉賄選，人人有責」。

了異想天開的行車路線，要求檢警從澎湖縣政府廣場出發，一路騎到跨海大橋。

從馬公到跨海大橋並非直線距離，而是北環將近一圈，當時中秋已過，已經吹起東北風，連專業單車選手都曾發生因大風摔車的事故，輕則受傷、重則殞命，更遑論根本不是專業選手的司法人員。再說，離開馬公市區後，地廣人稀，怎麼可能會有鄉親願意頂著大風，在空無一人的路旁觀看地檢署的單車車隊、為大家加油打氣？

更重要的是，和定時捧幾個有顏值的執法人員上新聞一樣，民眾看到車隊，真的能理解賄選的構成要件與法律效果嗎？司法人員究竟是為什麼要冒著身體受傷的危險做這種事情？在澎湖地檢署職員的集體反對、連檢察長都覺得不妥的情況下，最後高層的決定改為在馬公市區騎行一圈即可，真是謝天謝地，可喜可賀！

對於這些奇怪的行銷路線，我最大的疑惑是，檢方與警方高層真的知道民眾期待看到什麼樣的檢察官、警察嗎？是偵查人員的外貌重要，還是努力在程序正義中尋找實體正義、公正執法不接受關說、不畏權勢與媒體壓力、努力實現刑事訴訟法中的偵查人員形象重要？

《檢察官倫理規範》第二十二條所謂的「法令宣導、法治教育」，到底是要讓民眾正確理解法律，還是娛樂民眾？

如果法治教育的活動拋棄了專業，只剩下「美女牌」、「猛男牌」，這種行銷策略，推出的真的是法治嗎？

媒體大秀場（二）——冒險衝鋒、按讚換嘉獎

不只檢察官被迫忙著騎鐵馬、跳舞，類似的狀況在警察體系也不遑多讓，甚至有過之而無不及。現在這個我們熟悉的媒體大秀場上，見不到多少警方依法執法的正確形象，民眾反而對被專案績效逼出來、被想要功績的高層拿來製造新聞的假象習以為常，但以這種方式產生的英勇形象，背後往往卻大有法律面與倫理面的爭議。

二〇一九年九月，臺南警方攻堅一名疑似於某政黨黨部放置爆裂物的犯罪嫌疑人的行動，上了媒體。和一些新聞消息跑得比檢察官卷宗還快、還齊全的案子雷同，原本不該公開的警方攻堅影片，因「不明原因」外流，新聞則下標為〈英勇！南市刑大大隊長與炸彈客交火衝先鋒〉[16]，播報的主播說道：「警方圍捕炸彈客，最新攻堅畫

16〈英勇！南市刑大大隊長與炸彈客交火衝先鋒〉，東森新聞影片：https://www.youtube.com/watch?v=YdVdohXZXjo&ab_channel=%E6%9D%B1%E6%A3%AE%E6%96%B0%E8%81%9ECH51

面曝光！臺南市刑大[17]大隊長〇〇〇，在雙方交火後，手持盾牌手槍一馬當先，率隊衝進炸彈客屋內。」就充滿英雄主義的標題與報導內容來看，臺南市刑大大隊長「身先士卒」、英勇非凡。然而，事實真是如此嗎？

這段顯然有目的性在媒體上公開，操作成「英雄話題」，短短一分鐘的影片，其實在警界引起一片撻伐和批判。因為警方在影片中錯誤百出，該名大隊長更是搶功勞搶得不顧同仁安危，不但在知道犯罪嫌疑人就在門後的情況下，大聲喊「破門錘」，不顧持有爆裂物的犯罪嫌疑人有可能對衝鋒的同仁造成危險；同仁衝進房間後將犯罪嫌疑人壓制在地，大隊長竟然從同仁背後、耳旁，對犯罪嫌疑人補開了三槍。

在分發成為檢察官前的實習期間，實務指導老師以及檢方導師給我們的觀念是，當承辦員警評估需要的警力、執行方式而給予建議時，基本上檢察官對於警察專業的技術細節（例如警械使用方式、執行現場布局等）不宜自作主張，甚至獨裁地紊亂偵查。此外，在重大案件，如果檢察官有需要前往第一線指揮調度、勘驗現場時，要尊重第一線基層員警經驗上的判斷，不要耍帥、躁進、冒險，造成第一線員警的困擾。畢竟，檢察官的專業是法律、偵查學，而不是跟第一線員警搶鏡頭。

但民眾愛看、媒體愛報，警政上層喜歡員警出鋒頭，警官與警員們一定要誇張的表現、搶功，名字才能上得了新聞、才能入得了更高層的長官的眼。

負責那次臺南攻堅任務的組成成員，是由隸屬內政部警政署的維安特勤隊以及地方特種警察（也就是大家俗稱的「霹靂小組」）所組成。在特種警察警力充足、第一線員警近距離與犯罪嫌疑人進行近身接觸的當下，身為指揮官的臺南市刑大大隊長，究竟為何要在蒐證影片中搶著出頭，甚至還在冒著風險衝第一線的隊友身側、背後開槍？

依照我對於警察工作的認識，直轄市大隊長為警政高官，通常都已經脫離第一線實務許久，也不可能像特種警察一樣平時不斷練習、實戰。警官的專業，是管理、監督警察勤務，而不是在裝備不齊全、技巧生疏的狀況下衝第一線跟基層搶功勞。這樣外行領導內行、搶鏡頭與戰功，破壞維安特勤隊的專業隊形與分工，甚至在維安特勤隊已經控制犯罪嫌疑人時仍然在戰友耳際、背後開槍，彷彿「將前方同仁當成人肉盾牌」，若彈道偏誤或其他意外，後果不堪設想。

再說，攻堅的一群人塞在狹長走道，要是前方有狀況，第一線員警根本無從撤退，而且現場可能有爆裂物，在前方同仁與目標對象近身肉搏的狀況下，更不宜貿然開槍，否則如果火花引燃爆裂物，將造成不可想像的悲劇。

17 編注：全稱為「臺南市政府警察局刑事警察大隊」。

有過司法實務經驗的法律人，大都非常清楚警界透過媒體來「捧英雄」的升官文化，會導致影響偵查進程，甚至危及其他第一線人員安全的問題，也常常因為這樣的陋習而深受其害。警界的公關、炒新聞與升官文化，從來都不遮遮掩掩，而是像這樣大張旗鼓地在你我眼前上演。

為何高階警官要在鏡頭前「冒險犯難」？關鍵就如同本書第二部提及的，在於充英雄、搶新聞，才能成為（更高的）長官眼中的紅人，「紅才能升官」的警界官場文化。

警官的升官規則比百慕達三角洲還要難解，要怎麼打點好升遷之路，關鍵恐怕不是專業與能力，而是要怎麼在所有長官面前面面俱到、如何在政治角力中脫穎而出、辦案時要怎樣才不會得罪權貴……。所以檯面下的觥籌交錯、送往迎來，是大家心知肚明的祕密。

而搶戰功、衝績效、玩弄數字報表、成為新聞中的英雄，也是成為長官眼中紅人的方式。於是，這些二線、三線的中階、高階警官的工作，不是腳踏實地帶領部屬在個案中尋求正義（因為那沒有辦法幫助他們吸引高官的目光），而是以各種其他方式在長官面前表現，力求走上升官之道。於是，我們三不五時就可以看到像上述臺南市刑大大隊長的這種例子，警官扮演起二十四孝中綵衣娛親的「老萊子」，以各種耍寶的方式妨礙辦案、製造部屬麻煩，不顧正規程序和同仁安危，引人發噱。

遺憾的是，這些綵衣娛親的大戲，只有內行人才看得出問題。而外行人呢？大家在「電影化」的新聞中，手握遙控器、手機，看著媒體「英雄化」的標題，大聲叫好：「衝第一線耶！幫英勇的長官按讚！」而正是這些反智的「讚聲」，成為警界畸形官場文化的幫凶。

除了新聞，社群媒體近年也成了警方爭奪功獎的戰場。

如大家所知，大多警察單位都設有粉絲專頁。近年來，警界有一種非常奇特的勤務，叫做「幫粉專按讚」，而且「按讚可以記嘉獎」，這種取得獎勵的方式比冒險犯難的辦案簡單太多了。但在百忙之餘還要上網違心的「按讚」竟然可以當成勤務的一環？這真的是警察需要做的事嗎？

警界高層的設想是，警察人數在公務員裡占比多，加上警眷以及相關的人脈，能夠不花任何廣告成本，就迅速將粉專粉絲數量與流量「刷起來」，因此甚至要求各單位統計按讚、分享的數量。許多基層員警為了達到這種莫名其妙的目標，不得不一人申請了好幾個帳號來滿足長官發派的「任務」。

如果這些警政單位的粉專是作為法律普及與政令宣導，也就罷了。問題在於這些粉專的「小編」，通常要嘛不是長官的親信，要嘛就是被長官「脅持」，成天張貼各類歌功頌德、好人好事、（不務正業）救貓救狗的文章，再動用基層的帳號衝高按讚數，藉此博取上級的注意，粉專於是淪為官場上的升官廣告工具。

臺南這件背後槍響的攻堅案發生後，警界對大隊長不當表現其實是一片撻伐，[18]這時臺南市刑大粉專小編一反風向，「盡忠職守」的「挺身而出捍衛長官尊嚴」，在警界教官們紛紛發表專業意見的批判中殺出一條血路，宣稱大隊長在攻堅時一眼便認出：

> 房內有大量俗稱「撒旦之母」的爆裂物，同仁生命將有立即危險，當機立斷近距離連開三槍射擊非致命部位，使其失去行動能力，化解危機順利逮捕炸彈客。
>
> #合法使用警械
>
> #絕不向惡勢力低頭
>
> #打擊犯罪永不放棄

這則發文把這位大隊長描述成神一樣的英雄，竟然在衝進房的驚鴻一瞥間就能辨別武器，而且在擦槍走火之際還絕對不會引爆爆裂物，反而是受專業攻堅訓練的特種警察們要靠他保護。果不其然，這則粉專貼文再度引來許多基層員警不齒，譏諷小編此舉為「感人的護航」，不只有人直接在貼文底下諷刺地指出大隊長裝備與行動的問題：「大隊長太勇猛，連防彈頭盔都不用戴，槍法精準的閃過前面同事向被壓制的犯嫌開槍，值得我們後輩學習！」還有人體察入微地表示：「小編想必受到長官極大的壓力，才能寫出這麼文情並茂的廢文。」[19]

臺南市刑大粉專如此可歌可泣的年度鉅作，很遺憾地無法感動人心。他們急於透過社群媒體「止血」的解釋，弄巧成拙，讓這場堪稱好萊塢等級的超級英雄電影變成了娛樂片。

鬧出了這麼大的笑話，臺南市刑大有做任何說明嗎？當然有，但聲明內容是：「我們的特勤人員面對一手拿引爆器一手拿槍的歹徒仍無所畏懼，上前以盾牌壓制歹徒，另一名乘隙精準射擊手腳，使歹徒失去行動力無法反擊，又無傷及歹徒致命傷」，且仍舊不顧影片鐵錚錚的事實，表示大隊長「係朝著歹徒的方向開槍，並無罔顧前方同仁安全」，並且完全沒有考慮過獎勵問題，「願意放棄本案獎勵」。[20]

但後續新聞是怎麼操作的呢？二〇二〇年三月二十七日，一則新聞報導〈逮臺南

18〈南市刑大隊長為搶功而開槍？ 同仁曝內幕：與原計劃不同調〉，三立新聞網，二〇一九年十二月三十一日。

19 詳情可見臺南市政府警察局刑事警察大隊臉書貼文：https://www.facebook.com/tnpdcic/posts/1440931332738714。

20〈為搶功罔顧同仁開槍？臺南警局解釋：開槍是威嚇壓制嫌犯〉，三立新聞網，二〇一九年十二月十七日。

炸彈犯破格浮濫　南刑大隊長離席抗議〉，指出警方為了去年的那次攻堅召開了敘獎協調會，針對各單位提出的破格陞職名單，「帶頭攻堅逮人、也列破格名單的臺南市刑警大隊隊長當場聲明放棄獎勵，講完話就離席以示抗議，現場一片錯愕」[21]，且他的離席原因是「破格陞職的要件是功績特殊、有冒生命危險之實等，臺南市刑警大隊隊長是當日射傷犯罪嫌疑人逮人的核心警官，獲破格的爭議不大，不過他看不慣記兩大功的破格名單太浮濫，當場表明放棄個人所有獎勵，希望人事單位重新公正公開審核每位參與者的功績、實際貢獻程度等，依事實獎勵」，最後引來臺南市長公開發言表示這位大隊長：「身為刑事幹才，在選舉期間身先士卒偵辦爆裂物事件，當時也受到一些委屈，不過，他忍氣吞聲，經調查證明他是無辜且是冒險犯難，所以敘獎一定是要的。」[22]

不是在一開始就說「願意放棄獎勵」了嗎？面對這個本來就不能拿的獎勵，這位大隊長如此大動作的表態，非得要出動上層慰留，是為了什麼？要讓人不懷疑別有目的，實在是太難了。

果不其然，在敘獎協調會召開前的二〇二〇年三月八日，早有一則大隊長的個人專訪新聞〈警察故事／〇〇〇屢破大案　鐵漢專業也柔情〉，[23]開篇就強調他「從警近二十七年來，用心發揮刑事專長，屢破大案，一馬當先率隊攻堅制伏炸彈客，二十一小時內迅速偵破殺警案」，而在他於敘獎協調大動作表現後更是頻繁上新聞，一下指揮偵查隊和分局破獲詐騙案，[24]一下帶領同仁拍跟風《鬼滅之刃》的短片[25]（且很得意地把「零經費」、員警「利用下班時間完成」拿來當作宣傳素材[26]），值得注意的是，原本不宜外流的警察攻堅影片，在時隔將近一年後的另一起破獲詐騙集團話務機房的案子時，又一次外流了。[27]

諸位看官看到這裡，想必有些忍不住地想問：「這不就是在作秀嗎？」沒錯，而且正是做給各位看的。現下警察人員面對的情況，是大部分民眾法治教育、媒體識

21〈逮臺南炸彈犯 破格浮濫 南刑大隊長離席抗議〉，《自由時報》，二〇二〇年三月二十七日。
22〈南市刑大隊長敘獎會議離席抗議 黃偉哲喊話「不希望英雄落單」〉，《自由時報》，二〇二〇年三月二十七日。
23〈警察故事／〇〇〇屢破大案 鐵漢專業也柔情〉，聯合新聞網，二〇二〇年三月八日。編按：顧及當事人，特將人物名字隱去。
24〈不肖孫勾結債主演苦肉計詐阿公錢 還咬警方吃案4嫌下場慘〉，ETtoday新聞雲，二〇二〇年十一月十五日。
25〈南警跟風拍攝吸睛短片 「鬼滅之刃」「鴿之呼吸」招募新血〉，新頭殼newtalk，二〇二〇年十一月二十二日。
26〈跟風鬼滅！零經費 刑警招募KUSO短片爆紅〉，聯合新聞網，二〇二〇年十一月二十二日。
27〈破獲詐騙三線話務機房 南市刑大攻堅畫面曝光〉，中時新聞網，二〇二〇年十一月二十六日。

讀、審慎思辨的能力不足，在這樣欠缺評判事實真相與否的基礎上，又愛跟著執政者公布的數字、偵查影片、媒體渲染的英雄主義叫好，「速食式」的政績當然成為上位者最好的愚民手段。

對議題的專注與判斷能力不足，第一時間看到新聞標題，就拿著遙控器、敲著鍵盤開始跟風亂罵或讚嘆，不去追蹤後續的衡平報導，欠缺「媒體識讀」的能力，是很危險的。唯有基層與民眾都試著開闊眼界、思考、閱讀，逐步建立識別媒體新聞性質與正確性的能力，才能杜絕高層特意放出來營造形象，甚至愚民的新聞。而當所有執法人員皆以正確妥適的執法作為唯一的使命時，某些滿腦子只有權力欲望、想要充當媒體英雄的高層，自然就會愈來愈頭痛、愈來愈無法施展貪婪又扭曲的拳腳。

警察身為執法的公務人員，理論上，警徽與制服代表的應該是法治國的榮耀。然而長期以來，警政體系在結合媒體作秀、英雄主義的升官文化，以及歷史與制度下欠缺思考的僵化訓練之中，被打造成了一個墨守沒有法律明文依據的「潛規則」、把績效和升官看得比法治國與警察生命還要有意義的醬缸。

至於檢察體系，雖然檢察官相較之下具有高度獨立性，不若警方這麼受制於政治與官位保衛戰，但我在檢察官生涯的三年九個月來，也是一次又一次對於體制失望，眼睜睜看著扭曲的人事升官圖，看到一群人趨之若鶩，為了平步青雲飛黃騰達，跟著警政高層手牽手催逼基層檢警血汗「製造」專案績效；看到不好好看卷、濫行把案件屢次發回，逼一審檢察官起訴的二審檢察官；還有一群人，為了追求「大案」，力求上媒體版面成為長官眼中紅人，不惜違背司法倫理。

在檢察、警察、媒體三個體系交相賊，民眾被唬得一愣一愣，甚至動不動就肉搜、直播、在不明前因後果時煽動彼此、號召訴諸鄉勇式正義的環境裡，正如我在辭呈裡引的學長姊所言，司法人員「要求『依法』竟然會成為眾矢之的」，這是多麼荒謬、不可置信啊。我以為這是一場噩夢，然而，這一切都是真實的，這就是我過去的生活。

事實就是這麼鐵錚錚。

我們刑事司法的偵查體系連同媒體，層層疊疊、勾勾纏纏，早已分不清誰先開始錯，又是哪方錯得比較多，唯一可以確定的，是我們在漫長的歲月中，餵養出了一隻巨獸，而這隻巨獸，正蠶食鯨吞《刑事訴訟法》所楬櫫的公平正義。

尾聲

當正義被扭曲時，我們能做什麼？

過去，我在檢察官任內時常想：我們的偵查體系，不論是檢察機關也好、警察機關也罷，這些林林總總、罄竹難書的問題，之所以像是難以撼動的鐵板，究竟是制度的問題，還是人的問題？

直到離開檢察體系，以局外人的角度重新思考、撰文寫各類荒腔走板的亂象，我這才了解到問題不在於是「人」還是「制度」的單一問題，「人」與「制度」根本就是雞生蛋、蛋生雞的關係。

檢警體系裡有許多人光風霽月、一世堅持倫理而不為升官等利益所動，但也不乏有人為了滿足人性私欲的黑暗面，做出違背倫理之事。制度是人訂的，當一群人的人性出了問題，就會導致司法與警察體系產生悖離執法人員使命的機關文化，進而產生惡劣的制度；檢方升官圖、警方績效制就是這樣產生的。

如果放任惡劣的制度長期發展、不予以糾正，漸漸地，體系裡本來懷抱理想的人一旦倦怠、放棄抵抗了，便會在齧齕的制度中載浮載沉，逐漸成為有問題的「人」。而在扭曲的人性與惡化制度的交錯影響下，改革便萬分困難、舉步維艱，就算好不容易推動差強人意的一小步，體系內高高在上、坐吃納稅人稅金的既得利益者卻都抱守權力、寸步不讓。這使得我們的司法與警察等執法體系結構問題沉痾已久、積重難返。

擔任檢察官的時候，我從不害怕「得罪誰」，因為我從來沒有想過要升官，辭呈的稿子一直存放在辦公室電腦的資料夾裡。

我離開得問心無愧。

這幾年目睹的情狀，讓我更加深刻明白，無論是檢察官、警察還是記者，如果真的要起到守護正義、監督的功能，就都必須堅守責任與倫理，不怕得罪任何人，也不需要和誰維護「良好關係」，如此一來，龐大的體系才能健康、健全，在裡頭的人才能真正用心做事。然而現實是，這個社會上有太多人不依照規定做事、欠缺法治觀念，成為我們探究真相、維護正義時的阻礙與額外煩惱。

檢察官明明是依法相驗解剖，卻要擔心民代、陳情關說、陳抗；明明是依法辦案，卻要擔心政治力的反撲；明明是依法做事，但不管做出的是起訴、緩起訴處分還是不起訴處分，都要擔心別人的意見、怕被有心人士罵，而監察院可以違反權力分立，針對某案要求法院應該判決無罪、要求檢察機關提再審，甚至「彈劾」偵查結果不合乎當權者政治立場的檢察官。

基層警察遵循程序辦案，卻要擔心自己成為群體裡的異類，考績、假期受影響；要追趕上層政策導致的專案績效不合理的分數，還要提心吊膽地遊走在違法邊緣。

更別提媒體了，在財團、贊助與廣告，還有點閱率、視聽率的多面夾擊下，堅守媒體倫理與精神，竟似乎成了一件萬萬不可為、自斷生路的選項。而近年來竄出的各類「新媒體」，例如號召群眾包圍司法與警察機關的網紅、直播主，更是處於法律難管的晦澀地帶。

我們面臨的現實，就是如此嚴峻。但即便如此，我還是相信，就算被千萬人因誤解而唾罵，永遠都會有一群有良知的盟友站在自己身邊。我更相信，也許有人選擇從事司法這行只是想升官或混口飯吃，但一定還有一群人當初懷抱的是發光發熱的理想，就算一朝被現實磨滅，總有一天，只要一個微小的契機，就可以重新點燃這些人胸中的火光，而這些微弱的火光，將會匯聚成火炬。

未來的某一天，我們一定可以實現理想中的正義。但在這之前，必須檢討與所有人切身相關的體系問題。

我們都該想想，為什麼在體系裡，有很多人想堂堂正正、遵循正確的程序、服膺理想的精神做司法人員，但以當官、做出功績為人生目標且蔚為主流的現實環境裡，他們卻免不了要懷疑自我，相信司法的心也備受挑戰，每一天都在煎熬著是否要服從、從眾。如果連司法人員都放棄堅持正當的司法程序，不得不向各種伸入司法的「關係」低頭，或是跟著追名逐利爭功獎而棄程序法規於不顧，那麼我們維護正義的體系，肯定早就扭曲生病了吧！

明明是一條最純粹的路，為什麼大家無法走得昂首挺胸、無所畏懼呢？

大家心目中的正義是什麼？

是案件證據周全，能夠循著法定程序審理，還是跟著臉書直播主號召，到別人家樓下「表達關切」，放鞭炮、撒冥紙、狂按汽車喇叭，大聲呼叫要向誰誰討公道，要求（連聲押權限都沒有的）警方立即「羈押」對方嗎？或是一出事就找民代「喉舌」，開記者會聲淚俱下控訴，施壓警察立即辦出結果嗎？或認為地檢署有義務幫所有人解決生活中的一切糾紛、懲罰仇人？或是看著媒體選擇性的資訊而被蒙蔽雙眼，不看司法文書上白紙黑字載明的理由，就圍事要司法機關跟著盲目從眾？

大家心目中的司法機關，又是什麼模樣呢？是堅持照程序審理，扛得住政治或媒體、輿論壓力，堅持依證據說話；還是碰到大人物就給大人物方便，遇上專案期間就給警方衝績效方便，讓記者任意翻看正在審理中的案件卷宗，做出精采萬分的偵查人員辦案實錄？

我們都該更深入的思考：到底什麼是正義？我們真正該維護、抗拒的，究竟是什麼？

一群人在人云亦云後，完全不管證據、無視被告抗辯、不釐清客觀事實，直接跳過正當法律程序進行公審，甚至對被告與被告家屬丟石頭，這叫做正義嗎？包圍甚至「搜索」警察局，要求警方交出嫌疑人，由「人民公審」，叫做正義嗎？包圍執法機關，要求執法人員不必遵守程序正義，逕行抓人、羈押，這也叫做正義嗎？

如果有一天，仇人只要覺得我們「該死」，就可以輕易透過直播方式高聲疾呼抓人、羈押，我們也就這麼莫名其妙鋃鐺入獄，這樣的世界真的是我們要的嗎？如果這不是我們要的，那為什麼現在有這麼多人為網路直播圍事叫好，認為那「大快人心」？

我們所在的社會，到底生了什麼病？

《刑事訴訟法》告訴我們，在法治國家，刑事司法的正義，必須是「透過程序正義而發現的實體正義」。

如果我們真心期待「實現正義」，那麼，應該做的事情是什麼？

絕對不是逼執法人員草率調查，在輿論壓力下浪費大量警力狗急跳牆的「一律逮捕」，卻沒有心力好好抽絲剝繭釐清證據與發現事實；不是在檢察官與法醫到相驗現場，試圖從死者大體保全證據與釐清死亡原因、死亡方式時，跑去包圍殯儀館添亂；也不是在搞不清事實的情況下，聽信媒體的聳動標題與網路謠言，包圍司法與警察機關要求「羈押」。

相反的，一個期待正義實現的法治國公民，應該要求自己具有媒體識讀與獨立思考的能力，培養一個法治國家公民最基本的法治精神，支持檢察官與司法警察擁有充分的資源、人力、經費，得以細緻的調查一個「真正的」刑事案件，透過正當法律程序保全證據、釐清犯罪事實。更重要的是，給予司法機關公正獨立而不受政治、媒體、盲從輿論干擾的判斷空間。

不論是司法官或司法警察，在司法實務工作中，如果要有勇氣實踐最基本的人權保障與法律理論、堅持自己最初的理想，那就必須對非分的仕途不忮不求、對於粗暴的鄉民正義無所畏懼、對於喪失自律媒體所挑起的輿論無所憂慮，並對濫權的權貴加以抗衡。

有人說，堅持做對的事需要超乎常人的勇氣，但其實仔細想想，似乎也不需要特別勇敢。作為一個人，只要願意不斷地獨立思考與自我論證、不奢求不該得到的權力與利益，就算處於法治素養嚴重不足且充滿現實無奈的社會與體制中，還是可以做到勇者無懼。

當多數人都可以理性思辨、勇者無懼地奉法律為圭臬、尊重正當法律程序與司法獨立時，我們才能離動輒喊打喊殺的人間地獄愈來愈遠，走向真正的法治國。

檢方也好、警方也罷，執法體系的問題並非只和司法人員有關，而是和我們所有人想在什麼樣的社會裡生活有關。說到底，整個司法與偵查體系的問題，反映的是我們作為人，追求的價值到底是什麼？想要成為什麼樣的人、過什麼樣的人生？正是這一點一滴的匯聚，造就了我們生活的大環境。

如果每個人都能秉持自己的信念，勇敢走向想要的未來，並且一路上時時刻刻堅定自己的初衷，彼此指點迷津，在有人被心魔蠱惑而迷失時抗顏直諫，把他們拉回正軌，相信不只偵查機關、高官與政治人物、媒體，整個社會都會大不相同。

改革之路漫漫，而雖然艱難，我始終相信，這被扭曲的正義，會有回到它最純粹面貌的一天。

導正一切扭曲、開啟至善之門的鑰匙，就握在你我手中。

後記

未完成的作業，由他者來補足

本書初稿完成後，在出版公司的安排下，邀請了兩位臺大法律系恩師李茂生教授與王皇玉教授閱讀，並從刑事法學者的最專業觀點出發，為本書作推薦序。除了學界兩位教授外，出版公司也邀集司法、警察、媒體界等各相關領域的實務工作者閱覽本書初稿，從他們實務經驗的角度來撰寫短語，在司法實務界有檢方的三位檢察官——新北地檢姜長志檢察官、彰化地檢陳宗元檢察官、雲林地檢施家榮檢察官，與作為旁觀者的法醫——基隆地檢江佳蓮法醫；院方有雲林地院王子榮法官；警界有臺灣警察工作權益推動協會理事蕭仁豪先生；媒體界有資深媒體人許伯崧先生；與司法時常交流合作的其他專業領域，也有長期從事司法精神鑑定與執行監護處分等工作的凱旋醫院精神科劉潤謙醫師；也要感謝百忙中抽出時間的北一女中朱淑卿老師。尚有不少學界與實務界的先進，閱覽本書初稿後願意具名擔任本書推薦人。勞煩大家在年底百忙之中閱讀還未經校正與完整編修的初稿，在此向各方推薦人致謝。

兩位教授的推薦序行筆風格與切入點或許有所不同，不過蘊含的皆是刑事法學者對於實務議題的通透觀察，也是對於我個人反思過程中的深刻提點。而出版公司本來邀集實務工作者撰寫「推薦短語」，但他們似乎都感觸頗深，在案牘勞形的百忙之中有無限多想要講的話，因此有幾篇短語好像不太短。與其說是「推薦短語」，不如說是他們各自以自身的實務經驗，撰寫了一篇篇精彩的實務工作經驗反饋。雖然他們一個個「爆字數」了，但我向編輯笑曰：「爆就讓他爆！」因為他們的文字，書寫的不是生澀的法條或理論，而是他們實務工作生涯的真實感受，也彌補了我個人視角的不足。

推薦序與短語精采如斯，也使我不得不補上這篇後記，作為回應。

在很久以前的法律界，學術與實務工作時常脫鉤。學術講學術的理論，不太管實務真正的問題，不少前輩告訴我，過去如果學校課堂上談到實務見解，通常都是拿來「罵」的；而實務也常常不管法律理論，不斷超越理論尋求各種荒謬「新發現」。這樣的現象當然有其問題，在我進入法學院開始學習法律的大學時光，便聽到不少學者與實務工作者倡議「法學教育改革」，也因此，我們對於實務案例的學習，開始跳脫民國初年的那堆院字和幾十年前的判例，進入新進的實務具體案例討論。

我在進入司法官學院前的學生生涯時，和多數法律學院研究生一樣，意氣風發的批判實務見解，例如批評最高法院決議與某些判決僵化的見解、批評實務上證據排除法則一面倒的傾向檢警、批評實務見解沒有照顧到人權公約、批評刑事程序僵化而缺少人性關懷……這些我過去曾經在課堂上和同學們同聲一氣的批評，想必現在正在法學院上課的學弟妹們都不陌生。

然而，身為學生的我們，在批評的過程中忽略了一件事。那些我們批判的「實務見解」是誰生出來的？不就是那些跟我們一樣，當年曾經意氣風發坐在教室裡高談闊論，倡議法律理論與理想的學長姊嗎？為什麼他們進入體制後，會變成那種被我們批判的樣子？

直到我進入實務，進入那個鐵板一塊的體系中（我行我素的）闖蕩一遭後，終於深刻體悟到，問題不是「法律見解／解釋」這麼簡單，而是在於文化與結構的病灶。人性中追求慾望與軟弱的一面、愈形扭曲的制度交互作用下，使得體系與社會問題積重難返，這已經不是當年那個意氣風發、充滿理想、學了好多新進理論的年輕法律系學子們一己之力所能處理的了。

過去在檢察官任內，大約是在第二年吧，我曾經迷失了一小段時間，一度陷入體系中，雖然知道自己該堅守原則，但有時卻又差點把自己當成體系的工具，對於發生的現實採取既承認但又否認的態度，迷亂而不知何所從，見山不是山、見水不是水。我更曾為了在體系內「舒服的生存」下去，努力說服自己不要當白羊裡的黑羊，要學會對問題視而不見，或是在發現偵查程序出問題時，一方面想辦法亡羊補牢，另一方面絞盡腦汁遮掩醜事（畢竟體系內長期以來灌輸「注重檢警關係」，甚至還有人提倡「檢警一家」的文化），以免傷害「檢察官圖像的尊嚴」。

但後來，我發現我旁觀者似的視而不見，其實維護的不是那個尊嚴的圖像，而是一種深陷在體系裡產生的集體麻痺感——把自己當成集體的一員，批判集體就是批判我，但是我堅持自己是無辜的……確實，面對體系問題不能任意開「地圖砲」，但是點出確實存在的亂象，就是地圖砲嗎？把自己跟集體融合在一起的文化，究竟從何而來？

兩位作推薦序的教授以及幾位從事司法實務工作的推薦人，均不約而同提到，這本書的問世，可能會讓一些深陷其中的體系中人感到不悅、不舒服，甚至反感，覺得大傷「偵查機關（檢察官、司法警察）與媒體尊嚴」。事實上，在出版公司編輯於二〇一八年與我接洽之際，我就曾經和王皇玉教授提及想要將過去「潛入」檢方體系觀察到的所見所聞寫出來，老師當時還沒看過文稿，也不知道編輯的企劃，更不知道我具體要寫什麼，但是她的第一反應便是阻止我。身為學生，我完全理解老師之所以「不希望」我做這件事，是源於對學生的愛護，當然也能意會到老師為什麼會選擇阻止我將過去三年九個月的觀察與回顧「紀錄」付梓，但是我最後還是決定要回顧過去，將問題呈現在陽光之下。因為我總覺得，如今在「江湖逍遙」的自己，如果沒有回顧以前的「廟堂之憂」，似乎沒有辦法給過去的自己一個交代；如果沒有面對過去，把問題點出來，就沒有辦法繼續走下去。

就在看到推薦序與短文的時候，我的一位同學，也是我在新北地檢服務期間，曾經在同組共同奮鬥的前同僚，在二〇二一年開工第一天的深夜，忿忿地在臉書上寫下一段文字：

> 這份工作就是，做牛做馬三百六十天，好不容易澈底休息了五天後，準備要解決快滿一年近三十人的案子以及剩下的一百件案件時，新案殺進來連衝三天，警察以為你只需要辦他這件，連自己的舊案開庭都沒時間看，晚上快十二點到影印機印附件，剩最後三份卻卡紙，手寫原子筆快沒水，得意的拿起超前申請的新原子筆，但新原子筆兩枝均呈現幾乎斷水狀態，哭著哭著就笑了的工作。

我的前同僚描述的「現在進行式」檢察官工作可是一點都不誇張，那正是我曾經無比熟悉的、可笑又可悲的檢察官日常，也是這本書第一部前二章描述的「奇景」。對我而言，這一切終於已是「過去式」。

那些覺得把事實揭露出來「傷害體系尊嚴」的人們，不妨靜下心來好好想想：

是要讓政客們大吃「司改自助餐」，在民意下滑時把司法推出來當成沙包打以轉移政府失能的焦點，還是要讓人們正確認識到司法遇到的真正問題？

是要讓大家一起正視偵查體系沉痾數十年，體系文化、人與資源等交錯惡性循環下早已搖搖欲墜的破敗現實；還是想要誓死捍衛那個不知道值多少錢、連個不斷水的原子筆都買不起、不卡紙的影印機都租不起的「尊嚴」？

我相信，很多曾經陷在體系內的人都有類似的經驗。一方面對體系內的問題感到深惡痛絕，茶餘飯後痛罵那些拖垮體系的弊病；但另一方面因為在體系中覺得苦、覺得努力沒被看見，所以對外又不自覺去個人人格化，把自己和體系連結起來，不願「外人」批判體系。這種糾結的情緒，難以言喻。

然而，我們必須了解到，法律看似有很大的權力，但有時又很卑微。體系中曾經做錯或是違法的「個人」，往往在法律上只能追究個人責任，法律之外的政治責任、體系結構與文化的問題，法律無從追究，掌權者也樂於無視。

誠如姜長志檢察官於推薦語中所言：「檢察制度變革的核心是文化，難改的不是制度，是文化。」

人與制度的糾葛，纏纏繞繞，就像雞生蛋、蛋生雞，分不清楚何者是因、何者是果。如果我們公民集體怠於思考，不去解決更深層的文化與結構面的問題，那麼，法律再怎麼修正，都沒有辦法治本的解決問題。

在三年九個月的檢察官生涯裡，我看到了盤根錯節、錯綜複雜的難解問題。此間，我曾嘗試當面與投書向高層提出建言、嘗試在承辦的個案中去撼動走向扭曲的體制，但問題始終沒有解決，我只好選擇轉身離去。

離開是因為我知道，單憑個人，再加上那些願意跳出來當「體制叛徒」的盟友，力量始終太小，所以我逐漸對「體制內改革」失望。但更讓我恐懼的是，在那條路上，我曾經短暫迷惘，也曾經因為迷失而選擇對於執法違法議題「睜一眼閉一眼」。我的好朋友在某次聚會時提醒我：「當妳選擇視而不見時，妳就迷失了。」我告訴他：「好，我讓你見識一下『積極處理問題的下場』。」這句豪氣千雲的話，我也實踐了。本書裡提到的「斬手騙票案」就是我的回答，正是那件案件，讓我一度變成體系內「破壞檢警關係的罪人」。

我不害怕當「罪人」，但我害怕有一天在載浮載沉中滅頂，又或是在左支右絀的潰敗體系中逐漸喪失鬥志，成為當年的自己所不想變成的那種人，所以我離開。這就是我之所以時常和朋友們自嘲「辭職治百病」的原因。

刑事司法面對的問題，從第一線的警方、檢方到院方，乃至於之後的刑事執行實務，反映的其實是臺灣社會的問題，而媒體、政治力等現象，其實追根究柢，仍然還是在於公民素養。

我在書中結論章節提出改革的關鍵，在於實務工作者首先要醒覺，跳出來點出文化與體制的根本問題並進行澈底的改變，包含升官圖、體制中人的根本教育；但是個人的力量還是沒有辦法治本，改變的鑰匙其實「在全體人民的手中」。

王皇玉教授認為這本書中所提出的「企圖心好像太大且有些不切實際」——這點我相信，但我希望自己始終不要真的絕望，我也告訴自己不該絕望。這不只是我這本書所未完成的作業，也是民主、法治國家公民共同的作業。

最後，還有一項未完成的作業。

這本書的視角也有其先天缺陷：文字的書寫，需要的是經驗的洗禮。雖然我曾經在體系中短暫迷醉與麻痺，但因為自己在起點便「不以檢察官的職位作為人生唯一道路」，也在司法官訓練期間應許自己服務期滿三年後便可辭職離開，始終志不在那條檢方的道路上，所以不曾痴狂。

我沒有辦法寫出真正在體系裡載浮載沉乃至陷於痴狂的困境感受，也沒辦法寫出痴狂過後清醒的體悟，或許，這要留給他者——在這本書問世後，激起不同人的各種五味雜陳反應——來補足。

桃園地方法院 108 年審訴字第 396 號刑事判決。
桃園地方法院 107 年簡上字第 547 號刑事判決。
桃園地方法院 107 年審易字第 2814 號刑事判決。
臺灣高等法院 108 年上易字第 2464 號刑事判決。

• 公開資訊與法律條文

《刑事訴訟法》：https://law.moj.gov.tw/LawClass/LawAll.aspx?pcode=C0010001

《憲法》：https://law.moj.gov.tw/LawClass/LawAll.aspx?pcode=A0000001

《法務通訊》，第 2772 期，第二版：〈鐵馬環臺～全民反賄 全民一起反賄逗陣騎〉。

桃園市政府新聞處新聞稿：〈偵破國內首宗 ATM 遭竊案 鄭市長：感謝警察同仁用心付出，選舉期間絕非治安假期，請市民放心〉，2016.01.15。

高檢署《新聞稿 108.4.2》：https://www.tph.moj.gov.tw/4421/4509/4515/657296/

新北地方檢察署檢察官室．各科室介紹：https://www.pcc.moj.gov.tw/293833/293834/293840/362453/

臺北市商業處．自助選物販賣機：https://www.tcooc.gov.taipei/cp.aspx?n=619F9F115A9BFFEA

臺北地方檢察署辦理發查、交查、核退、核交案件實施要點：https://mojlaw.moj.gov.tw/LawContent.aspx?LSID=FL029956

臺南市政府警察局刑事警察大隊臉書粉專：https://www.facebook.com/tnpdcic/posts/1440931332738714

• 法院判決書

新北地方法院 108 年訴字第 322 號刑事判決。

臺灣高等法院 109 年上訴字第 134 號刑事判決。

桃園地方法院 109 年度審訴緝字第 5 號刑事判決。

2020.04.14〈警踹拒檢少年頭 司改會籲文明執法〉，中央社：https://www.cna.com.tw/news/asoc/202004140336.aspx

2020.04.19〈中和踹頭警密錄器咧？ 警政署竟答「通通沒開」〉，《自由時報》：https://news.ltn.com.tw/news/society/breakingnews/3138931

2020.05.03〈吳忻穎：我們與惡的距離，從來都不遠〉，端傳媒：https://theinitium.com/article/20200504-opinion-repost-taiwan-sentence/

2020.06.10〈檢察官怒 po 沒冷氣內褲濕了 同僚：先去拘留室辦公〉，聯合新聞網：https://udn.com/news/story/7321/4626825

2020.06.20〈擄板橋滷肉飯千金犯嫌跑了 新北警長陳檡文：檢察官是偵查主體〉，聯合新聞網：https://udn.com/news/story/7315/4648132

2020.07.18〈偽造公文抓車手衝績效 2 警判刑又被降級〉，自由時報：https://news.ltn.com.tw/news/society/breakingnews/3232694

2020.11.15〈不肖孫勾結債主演苦肉計詐阿公錢 還咬警方吃案 4 嫌下場慘〉，ETtoday 新聞雲：https://www.ettoday.net/news/20201115/1854950.htm

2020.11.22〈南警跟風拍攝吸睛短片「鬼滅之刃」「鴿之呼吸」招募新血〉，新頭殼 newtalk：https://newtalk.tw/news/view/2020.-11-22/497854

2020.11.22〈跟風鬼滅！零經費 刑警招募 KUSO 短片爆紅〉，聯合新聞網：https://udn.com/news/story/7320/5034668

2020.11.26〈破獲詐騙三線話務機房 南市刑大攻堅畫面曝光〉，中時新聞網：https://www.chinatimes.com/realtimenews/20201126001600-260402?chdtv

犯〉，三立新聞網：https://www.setn.com/News.aspx?NewsID=655191。
2019.12.31〈南市刑大隊長為搶功而開槍？ 同仁曝內幕：與原計劃不同調〉，三立新聞網（連結已失效）。編按：抨擊或質疑此事件之新聞報導皆已刪除。
2020.02.05〈新北六警騙拘票衝績效 法官痛批：敗壞國家法紀〉，《聯合報》：https://udn.com/news/story/7321/4323128
2020.02.07〈新北警騙拘票慘被判刑 她受委屈？長官竟扯：媒體該負責任〉，三立新聞網：https://www.setn.com/News.aspx?NewsID=685062
2020.03.08〈警察故事／〇〇〇屢破大案 鐵漢專業也柔情〉，聯合新聞網：https://udn.com/news/story/7326/4397282
2020.03.15〈新店隨機殺人片瘋傳！宥勝「胸口好痛」吳慷仁心碎：原來我也是個人而已〉，CTWANT：https://www.ctwant.com/article/41271
2020.03.14〈冷血行凶影片曝光！ 叼菸耍帥一刀捅死無辜騎士〉，CTWANT：https://today.line.me/tw/v2/article/R68OMq
2020.03.27〈南市刑大隊長敘獎會議離席抗議 黃偉哲喊話「不希望英雄落單」〉，《自由時報》：https://news.ltn.com.tw/news/politics/breakingnews/3114460
2020.03.27〈逮臺南炸彈犯 破格浮濫 南刑大隊長離席抗議〉，《自由時報》：https://news.ltn.com.tw/news/society/paper/1361617
2020.04.07〈撕不掉的殺人標籤 我們曾被誤認為凶案嫌犯〉，鏡傳媒．鏡相人間：https://www.mirrormedia.mg/story/20200326pol008/
2020.04.12〈司改國是會議「決議像天燈，掉下來變垃圾誰負責？」學者林鈺雄開砲喊退〉，風傳媒：https://www.storm.mg/article/249067

《自由時報》：https://m.ltn.com.tw/news/society/breakingnews/2742961
2019.07.04〈嘉義臺鐵逃票男刺殺員警 勇警8:10搶救後仍宣告不治！〉，三立新聞網：https://www.setn.com/News.aspx?NewsID=564745
2019.07.28〈新任警局長帶隊臨檢舞廳 長腿辣妹排排站「不忘補妝」〉，三立新聞網：https://www.setn.com/News.aspx?NewsID=577060
2019.08.28〈汐止勇警追拒檢撞死！分局長悲嘆：他2年抓72件酒駕⋯侯友宜到場了〉，ETtoday新聞雲：https://www.ettoday.net/news/2019.0828/1523505.htm
2019.12.17〈為搶功罔顧同仁開槍？臺南警局解釋：開槍是威嚇壓制嫌犯〉，三立新聞網：https://www.setn.com/News.aspx?NewsID=655191
2019.11.06〈【女檢反賄超吸睛】桃檢正妹檢察官文武全才 讓人好想被她起訴〉，鏡傳媒：https://www.mirrormedia.mg/story/2019.1106inv009/
2019.11.07〈激似隋棠！正妹檢察官自曝單身中⋯⋯網友暴動〉，東森新聞：https://news.ebc.net.tw/News/living/185038?fb_comment_id=2564630166987212_2564742946975934
2019.11.09〈不滿政府年金改革羞辱軍公教 他憤辭檢察官選立委〉，聯合新聞網（已刪除）。
2019.11.17黃錦嵐，〈反年改「怒辭」檢察官參選？真相是犯傷害罪被判刑混不下去〉，《上報》：https://www.upmedia.mg/news_info.php?SerialNo=75319
2019.12.15〈英勇！南市刑大大隊長 與炸彈客交火衝先鋒〉，東森新聞：https://www.youtube.com/watch?v=YdVdohXZXjo&ab_channel=%E6%9D%B1%E6%A3%AE%E6%96%B0%E8%81%9ECH51
2019.12.17〈為搶功罔顧同仁開槍？臺南警局解釋：開槍是威嚇壓制嫌

2016.01.16〈ATM 竊案 檢認串證警忙洩密〉，《中國時報》：https://www.chinatimes.com/newspapers/20160116000579-260107

2017.03.14〈扭轉官愈高責愈輕的檢察體系刻不容緩〉，公視新聞網：https://pnn.pts.org.tw/project/inpage/332

2017.04.03〈掃墓鐵齒族的惡行〉，《澎湖時報》：http://www.penghutimes.com/modules/phnews/index.php?nsn=17889

2017.06.29〈【司改國是無雙會客室】小檢夜未眠〉，PNN 公視新聞議題中心：https://pnn.pts.org.tw/project/inpage/162

2017.08.03〈檢察獨立、檢察事務與檢察行政——傻傻分不清？〉，PNN 公視新聞議題中心：https://pnn.pts.org.tw/project/inpage/776/29/70

2018.07.26〈「斬手專案」爆弊端 4 警列被告　海山分局長請回〉，蘋果新聞網：https://tw.appledaily.com/local/20180726/MPTBOCDRIAKJQSPPLP4GKXXUDM/

2018.07.26〈檢警不同調！基層警怨「先寄通知書，嫌犯早跑了！」〉，中時新聞網：https://www.chinatimes.com/realtimenews/20180726002627-260503?chdtv

2018.07.27〈新北 6 分局爭績效／斬手專案爆偽文爭功獎 約談 25 官警〉，自由時報：https://news.ltn.com.tw/news/society/paper/1219779

2018.08.31〈檢察官施家榮：警方績效制度背後的政治常態〉，蘋果新聞網：https://tw.appledaily.com/forum/2018.0831/XQRR4QS3BQJ4O7S32PLRAMOMSE/

2019.02.21〈警掃蕩車手遭檢起訴 新北刑大：實務見解不同〉，蘋果新聞網：https://tw.appledaily.com/local/2019.0221/PBQXH3XXZLQBC5AV5LZJOHE22Y/

2019.03.29〈離奇車禍竟是情殺 67 歲老翁爭風吃醋捅死 53 歲情敵〉，

調患者的人生故事〉，風傳媒：https://www.storm.mg/article/243850?page=3

2017.05.04〈吳忻穎觀點：讓我們從刑事訴訟及證據法則實務來務實的討論司法改革吧！〉，風傳媒：https://www.storm.mg/article/259136?page=1

2017.08.18〈吳忻穎觀點：從「愛蜂事件」探討「偵查不公開」與強制處分的標準〉，風傳媒：https://www.storm.mg/article/316245?page=1

2017.11.11〈吳忻穎觀點：浪費青春的青春專案——扭曲的績效制度、過載的刑事司法〉，風傳媒：https://www.storm.mg/article/356924

2017.12.07〈吳忻穎觀點：裹著糖衣的績效毒藥——瘋狂的查緝政策、血汗的刑事司法〉，風傳媒：https://www.storm.mg/article/368026

2018.03.09〈檢察官吳忻穎：地檢署不是免費討債公司——回應《臺灣是詐騙共和國嗎》〉，蘋果新聞網：https://tw.appledaily.com/forum/2018.0309/NFHABFX4G6AY2SEKLIA3AM6PH4/

2020.01.08〈《鏡子森林》——一場現實與理想的拔河，也談影視與法律的距離〉，方格子：https://vocus.cc/@StA_WHY/5e158f49fd89780001dec910?fbclid=IwAR0uvE_6txz0PfcRPnVuwrQikijLN4s-NESAaCX9OvU0bKUA5JUK6emYy1I

• 新聞報導與評論投書

2010.06.04〈反毒嬌點 美女檢察官忙到沒空談戀愛〉，聯合報（連結已失效）。

2013.05.25〈黃金單身檢察官 11年相親60次〉，民視新聞網：https://youtu.be/cuynQmMBRJE

2015.09.04〈新到任檢察官宣誓就職〉，《澎湖日報》二版。

底」的檢察官〉
2020.08.26〈檢仔聊齋（十三）：進一步退兩步？檢察體系改革的「復辟」勢力〉
2020.09.09〈先挺警察犯罪，再送基層懲戒？「斬手騙票案」中新北警局的切割刀〉
2020.09.16〈「把卷分屍了！」拆卷事件中，一窺律師市場文化與倫理問題〉
2020.09.22〈知道他怎麼死的，我才能放心——關於「要不要解剖」的真實案件〉
2020.09.28〈「有毒」的毒品查緝政策（五）：被績效牽鼻子走，焉能「安居」？〉
2020.10.13〈檢仔聊齋（十四）：血統純正才優秀？士檢長「精英論」的體系沉痾〉
2020.10.23〈數字背後的「血汗司法」，遙不可及的「精緻偵查」〉
2020.11.04〈長榮大學案外案：報案紀錄消失？問題在注重表面的「數字文化」〉
2020.12.09〈檢仔聊齋（十五）：培養乖乖牌檢察官？高檢署插手職務評定的惡果〉
2020.12.16〈「有毒」的毒品查緝政策（六）：以臨檢為名，行搜索之實〉

其他媒體平臺專文

2017.03.23〈投書：磕磕碰碰又披荊斬棘的檢察官之路〉，上報：https://www.upmedia.mg/news_info.php?SerialNo=14091
2017.04.05〈吳忻穎觀點：無彩青春離島版——一個智能障礙、思覺失

2020.03.17〈掃黑掃到誰？「治平專案」淪警方集點遊戲〉
2020.03.20〈偵查可以「大公開」？凶殺案影片外流的法理思考〉
2020.03.25〈檢仔聊齋（十）：刷防疫存在感？被權力宰制的檢察指令與偵查作為〉
2020.04.07〈立委報案優先受理？警方為民代量身訂做的「特權流程」〉
2020.04.13〈中和警「踹頭」事件：警方的私刑，法治國的死刑？〉
2020.04.22〈檢仔聊齋（十一）：重偵查、輕執行？檢察機關的業務失衡現象〉
2020.05.12〈違法踹頭獲表揚，依法調查被懲處？被體系踐踏的「警察形象」〉
2020.05.19〈踹頭事件後，未停止的「報復性執法」——警界法治教育與心理健康危機〉
2020.05.27〈解決提出問題的人？警界「醬缸式團結」下的意見整肅〉
2020.06.02〈檢仔聊齋（十二）：「老派衝組」若不倒，檢察體系不會好〉
2020.06.10〈上命下不從：打破警界潛規則的勇氣，與遲來的正義〉
2020.06.17〈無犯罪嫌疑卻稱「嫌犯」？新北警保大的問題不只是「法令用語欠當」〉
2020.06.23〈程序違法卻拿檢方擋箭？「偵查主體」不是警方卸責的「偵主丹」〉
2020.07.15〈「有毒」的毒品查緝政策（一）：績效催生警方違法惡習〉
2020.07.21〈「有毒」的毒品查緝政策（二）：放聲「出去讓你死」的警察〉
2020.08.05〈「有毒」的毒品查緝政策（三）：強闖民宅違法抓人三部曲〉
2020.08.12〈「有毒」的毒品查緝政策（四）：無視程序違法「上訴到

2019.09.17〈檢仔聊齋（三）：巧婦難為無米之炊的檢察體系〉
2019.09.24〈「我也是基層，無能為力啦」——全員皆基層的警界怪象〉
2019.10.10〈忍一下三年官、兩年滿？一個在績效與偵查魂間掙扎的警察故事〉
2019.10.18〈檢仔聊齋（四）：失靈的行政，癱瘓的檢察業務〉
2019.10.29〈戰神走下神壇後：「有績效是老大」的警界歪風幾時休？〉
2019.10.31〈遇到議員就轉彎：避免成議會焦點，是警方執法依據？〉
2019.11.06〈檢仔聊齋（五）：檢察體系升官路上的「宮鬥」戲碼〉
2019.11.13〈檢仔聊齋（六）：拋棄法律專業，載歌載舞的檢察「秀場」〉
2019.11.20〈那些浪費司法資源的VIP（一）：菊島四大「院檢之友〉
2019.11.21〈那些浪費司法資源的VIP（二）：「預知未來」的濫訴人〉
2019.11.28〈那些浪費司法資源的VIP（三）：被「超自然力量」控制的人們〉
2019.12.06〈最難解的司改懸案：亦生又亦死，「三盲」重症患者眼中的司法〉
2019.12.09〈「獨家」糖衣下，媒體包裝的政治謊言與司法流言〉
2019.12.12〈檢仔聊齋（七）：德不配位的檢察體系「綿羊軍頭」〉
2019.12.23〈當背後槍聲響起：「作秀才能升官」的警界歪風幾時休？〉
2019.12.26〈檢仔聊齋（八）：失能又熱愛作秀的檢察行政高層〉
2020.02.12〈戒毒特效藥？自我矛盾的毒品刑事政策與立法〉
2020.02.19〈為績效而瘋狂：警界偵查實務的「騙票」祕密（上）〉
2020.02.19〈為績效而瘋狂：警界偵查實務的「騙票」祕密（下）〉
2020.02.27〈分數下的「正義」：警政績效制度，一場遊戲一場夢〉
2020.03.10〈檢仔聊齋（九）：檢警一家親？檢察官指揮督導權「被架空」的危機〉

2019.04.25〈我們與真實的距離：歡迎來到離島檢察官的現實世界〉
2019.05.03〈被瘋狂管考壓榨的結案機器：談法務部與高檢署「200件」事件〉
2019.05.17〈地方的「向來如此」與執法的大破大立：談澎湖清明掃墓公共危險案〉
2019.05.27〈司法如何獨立？一件檢察官「不知變通」的相驗案件〉
2019.06.04〈還記得這身制服的初衷嗎？從一位鍥而不捨的員警與一枝筆說起〉
2019.06.18〈警察就要挺警察？暴政下，如何避免平庸的邪惡？〉
2019.06.26〈檢仔聊齋（一）：升官文化下，荒腔走板的檢警關係〉
2019.07.01〈直播、號召、討公道：鄉民正義所引發的法治國危機〉
2019.07.08〈一名鐵警殉職後：問題不在開槍時機與司法挺不挺警察〉
2019.07.10〈鐵路刺警案：全副武裝提高見警率，是反應過度還是痛定思痛？〉
2019.07.22〈檢仔聊齋（二）：警界扭曲的專案績效，讓精緻偵查「空洞化」〉
2019.07.23〈最難的是人情世故——從相驗案件反思「靠關係」的臺式特色〉
2019.08.01〈「我是新人，所以不會做」——基層警察的訓練有什麼問題？〉
2019.08.15〈為給交代衝績效，弊端叢生卻怪司法的警政亂象〉
2019.08.26〈緝毒開槍撞車抓錯人案（上）：警方執法哪裡有問題？〉
2019.08.26〈緝毒開槍撞車抓錯人案（下）：愛與鐵血下，被扭曲的程序正義〉
2019.09.04〈追車案羈押爭議：警訴諸情緒勒索的「媒體戰」，何以潰敗？〉

參考資料

• 作者專文、投書

鳴人堂 | 聯合新聞網

吳忻穎專欄：https://opinion.udn.com/author/articles/1008/2360

2018.11.20〈獻給高中生的「正義課」：選擇法律這條路前，該思考什麼？〉

2018.12.13〈載浮載沉的一世空白——淺談檢察官的「相驗」工作〉

2018.12.21〈檢警關係非私相授受——從「小鴿」第一張搜索票談起〉

2019.01.11〈廢除《調度司法警察條例》？癱瘓警察的，是英雄主義的績效制度〉

2019.01.14〈失控的第四權：媒體攻城掠地，司法機關如何對應？〉

2019.02.01〈「績效」就是正義？談警察職權行使之理論與實務〉

2019.03.20〈到底誰在濫訴？談法扶法新增「防檢濫訴條款」〉

2019.04.12〈民意代表代表的不是你的民意——從議員之子毆警案談起〉

2019.04.19〈地檢署的巨嬰客戶與他們的馬桶——談濫訴與假性財產犯罪〉

眾聲

扭曲的正義：檢察官面對的殘酷真相，走向崩潰的檢警與媒體

2021年3月初版　　定價：新臺幣320元
2023年7月初版第六刷

著者	吳忻穎
叢書編輯	黃淑真
校對	馬文穎
內文排版	極翔企業
封面設計	兒日

出版者	聯經出版事業股份有限公司
地址	新北市汐止區大同路一段369號1樓
叢書編輯電話	(02)86925588轉5322
台北聯經書房	台北市新生南路三段94號
電話	(02)23620308
郵政劃撥帳戶第0100559-3號	
郵撥電話	(02)23620308
印刷者	文聯彩色製版印刷有限公司
總經銷	聯合發行股份有限公司
發行所	新北市新店區寶橋路235巷6弄6號2樓
電話	(02)29178022

副總編輯	陳逸華
總編輯	涂豐恩
總經理	陳芝宇
社長	羅國俊
發行人	林載爵

行政院新聞局出版事業登記證局版臺業字第0130號

本書如有缺頁，破損，倒裝請寄回台北聯經書房更換。　ISBN　978-957-08-5702-3 (平裝)
聯經網址：www.linkingbooks.com.tw
電子信箱：linking@udngroup.com

國家圖書館出版品預行編目資料

扭曲的正義：檢察官面對的殘酷真相，走向崩潰的檢警與媒體/吳忻穎著．初版．新北市．聯經．2021年3月．
288面．14.8×21公分（眾聲）
ISBN　978-957-08-5702-3（平裝）
[2023年7月初版第六刷]

1.檢察制度　2.社會正義　3.檢察官

589.5　　110001073